Dirk Levsen

Krieg im Norden
Die Kämpfe in Norwegen im Frühjahr 1940

Dirk Levsen

Krieg im Norden
Die Kämpfe in Norwegen im Frühjahr 1940

Seit 1789

Verlag E.S. Mittler & Sohn GmbH
Hamburg · Berlin · Bonn

Ein Gesamtverzeichnis der lieferbaren Titel der Verlagsgruppe Koehler/Mittler schicken wir Ihnen gern zu. Sie finden es aber auch im Internet unter www.koehler-mittler.de

Die Deutsche Bibliothek – CIP-Einheitsaufnahme
Levsen, Dirk: Krieg im Norden:
Die Kämpfe in Norwegen 1940 / Dirk Levsen. –
Hamburg; Berlin; Bonn: Mittler, 2000
ISBN 3-8132-0686-6

ISBN 3-8132-0686-6

Umschlaggestaltung: Hans-Peter Herfs-George, unter Verwendung einer Abbildung von Kristian Hosar
Produktion: Robert Johannes
Gesamtherstellung: Druckerei Hans Kock, Bielefeld
Printed in Germany

Inhalt

Einführung

Folgende Personen und Institutionen haben mir mit Rat und Tat zur Seite gestanden. Ihnen gilt mein Dank:

Sven T. Arneberg, Ingebjørg Elvestad, Gudbrandsdal Krigsminnesamling, Winfried Heinemann, Kristian Hosar, Hans Petter Kleiven, Jon Riiser Lunke, Ernst Mößinger, Øystein Mølmen, Sabine Nickel, Tore Pryser, Jan Storbakk, Per Åsmundstad, Arvid Ødegård.

Vinstra, im Herbst 2000 *Dirk Levsen*

1. »Unternehmen Weserübung« in der Militärgeschichte

In den großen Darstellungen zur Militärgeschichte des Zweiten Weltkriegs wird das »Unternehmen Weserübung«, also die deutsche Invasion von Dänemark und Norwegen, meistens auf wenigen Seiten abgehandelt.[1] Die militärischen Operationen in Dänemark und Norwegen nehmen nur einen kleinen Raum ein neben den unzähligen Schauplätzen des Krieges, die in einer globalen Kriegsgeschichte Aufnahme finden müssen. Auch waren die Verluste an Menschen auf beiden Seiten eher gering, setzt man die Kämpfe in den beiden skandinavischen Staaten in Relation zum Beispiel zu den schweren Schlachten und den damit verbundenen hohen Verlusten an Menschen und Material auf beiden Seiten nach dem deutschen Überfall auf die Sowjetunion.

Das »Unternehmen Weserübung« ist in seiner Vorbereitung und Durchführung sowohl in Norwegen als auch in Deutschland intensiv erforscht worden. Der Kieler Historiker Michael Salewski hat die Entwicklung der Forschung zu »Weserübung« folgendermaßen charakterisiert: »Hatten Churchill und Derry von englischer, Walther Hubatsch von deutscher Seite aus ihre historischen Analysen unter das bekannte Motto des britischen Premiers gestellt, es habe sich um einen ›Wettlauf‹ der beiden Admiralitäten nach Norwegen gehandelt, so steht seit den Untersuchungen von Gemzell, Loock und mir fest, daß die Operation ›Weserübung‹ keineswegs ein Präventivunternehmen, sondern eine blanke Aggression gewesen ist. Anscheinend aus dem Rahmen des Üblichen fiel die Erkenntnis, daß es in diesem Fall der Oberbefehlshaber der Marine persönlich gewesen ist, der Hitler zu diesem Unternehmen am Ende bewogen hat, ein Unternehmen, von dem es im KTB (Kriegstagebuch) der Seekriegsleitung hieß, es gehöre zu den kühnsten der Seekriegsgeschichte und sei gegen alle Regeln der Kriegskunst durchgeführt worden.«[2]

Die Kämpfe nach der Invasion in Norwegen selbst dagegen sind in der deutschsprachigen Literatur in ihrer Gesamtheit nicht ausführlich wissenschaftlich untersucht worden. Auch die Kämpfe in und um Narvik herum harren weiter einer ersten, größeren seriösen wissenschaftlichen Aufarbeitung von deutscher Seite. In der folgenden Darstellung soll eine Beschreibung und Analyse des deutschen Feldzuges in Norwegen vorgenommen werden.

Das folgende Kapitel beschäftigt sich mit der militärischen Situation der Verteidiger, ein Faktor, der in Monographien deutscher Autoren bisher vernachlässigt worden ist. Daran schließen sich eine Analyse der deutschen Planung und Operationsführung im Rahmen des Unternehmens »Weserübung« und eine Darstellung der norwegischen Reaktionen an.

Die Kapitel 5 und 6 beschäftigen sich mit deutschen Kommandounternehmen auf dem norwegischen Kriegsschauplatz, die, wären sie erfolgreich durchgeführt worden, zu weitreichenden Konsequenzen für die norwegischen Verteidiger geführt hätten.

Das 7. Kapitel stellt die Kämpfe in Südnorwegen dar. Dabei kommt den deutschen Vorstößen durch das Gudbrandsdal und das Østerdal eine besondere Bedeutung zu. Hitler selbst beobachtete das Vordringen der deutschen Truppen in Richtung Norden mit Spannung und Nervosität. Den Angriffsbefehl auf Westeuropa wollte er nicht erteilen, ehe nicht die Landverbindung zwischen der Hauptstadt Oslo und Trondheim, der drittgrößten Stadt Norwegens, gesichert war. Südlich von Lillehammer, rund 170 km nördlich von Oslo, trafen zudem zum ersten Male während des gesamten Zweiten Weltkrieges britische und deutsche Heeressoldaten kämpfend aufeinander.

Narvik schließlich, der Gegenstand des 9. Kapitels, ist vielen Lesern als Synonym für die Kämpfe in Norwegen bekannt. Hier, in Nordnorwegen, drohte den deutschen Truppen ein Fiasko, nachdem weit überlegene alliierte Truppen angelandet worden waren. Ein weiteres Kapitel schildert den Zusammenbruch der norwegischen Verteidigung und das Ende der militärischen Operationen.

Das letzte Kapitel beschäftigt sich mit dem juristischen Nachspiel auf norwegischer Seite nach 1945. Hier wurde das Verhalten einiger Befehlshaber im Frühjahr 1940 einer kritischen Begutachtung unterworfen.

2. Norwegens Militär vor dem 9. April 1940

Während des Ersten Weltkrieges war es Norwegen, zusammen mit den beiden anderen skandinavischen Monarchien Dänemark und Schweden, gelungen, neutral zu bleiben.[3] Gleich nach Kriegsausbruch hatte Norwegen sowohl die Marine als auch Teile des Heeres mobilisiert, um die Neutralität zu garantieren.

Allerdings stellte das Land den Alliierten nach der Unterzeichnung des Tonnagevertrages am 11. August 1917 den größten Teil seiner Handelsflotte zur Verfügung. Diese Politik trug Norwegen später die Bezeichnung »neutraler Alliierter« ein.[4] Das deutsche Kaiserreich war am 1. Februar 1917 zum uneingeschränkten U-Bootkrieg übergegangen. Nach der Unterzeichnung des Tonnagevertrages waren norwegische Handelsschiffe besonders hart vom U-Bootkrieg betroffen. Bis Kriegsende verloren über 2.000 norwegische Seeleute nach Torpedierungen ihrer Schiffe durch deutsche U-Boote ihr Leben.

Im Jahre 1918 wurden in Norwegen harte Sparmaßnahmen beschlossen, von denen besonders die Landesverteidigung betroffen war. 1920 wurde die Dienstzeit der Wehrpflichtigen der Infanterie von 144 Tagen auf 48, also auf ein Drittel, verkürzt. Je nach Waffengattung schwankte die Dienstzeit der Rekruten jetzt zwischen 48 und 84 Tagen. Seit 1926 wurde regelmäßig ein Drittel aller Wehrpflichtigen nach Losentscheid vom Wehrdienst freigestellt. Zudem wurden die medizinischen Kriterien für die Freistellung vom Wehrdienst gelockert. Weitere Einsparungen mußte das norwegische Militär im Jahre 1927 hinnehmen, als der Verteidigungsetat von 70 Millionen Kronen auf 40 Millionen gekürzt wurde. 1933 mußten von diesem Etat weitere acht Millionen Kronen eingespart werden. Seit 1922 waren im Heer keine Übungen mehr durchgeführt worden.

Große Teile des Offizierkorps waren beunruhigt über diese Entwicklung, aber es gab auch Offiziere wie Oberst Otto Ruge, von 1933 bis 1938 Generalstabschef des Heeres, danach Generalinspekteur der Infanterie und nach dem deutschen Überfall zuerst Heereschef, später Oberkommandierender der norwegischen Streitkräfte, die die Einsparungen akzeptierten, um das Militär als solches zu retten. Politisch beabsichtigt war, eine Rumpfverteidigung zu errichten, die im Krisenfall wieder anwachsen sollte. Auch unter norwegischen Offizieren rechnete man mit einer jahrelang erhöhten politischen Spannung, bevor eine wirklich kritische militärische Lage entstehen könnte. Es wurde als Aufgabe des Außenministeriums angesehen, die politische und militärische Situation in Europa einzuschätzen, zu beurteilen und gegebenenfalls den Startschuß für verstärkte Verteidigungsanstrengungen zu geben.

In der norwegischen Sozialdemokratie, die im April 1935 die Regierung übernommen hatte, war eine Erhöhung des Verteidigungshaushaltes wenig populär. In der Partei gab es seit Anfang der zwanziger Jahre Bestrebungen, das Militär ganz abzuschaffen. Ausschlaggebend dafür war unter anderem der Pazifismus in weiten Teilen der Arbeiterschaft. Zudem wurde das gesamte Militärwesen von der norwegischen Arbeiterschaft als ein Unterdrückungsinstrument aufgefaßt, das nur zur Verteidigung des Kapitalismus diente.

In der Tat war das Militär in den zwanziger und Anfang der dreißiger Jahre mehrfach gegen streikende Arbeiter eingesetzt worden. Zudem hatte die militärische Führung waffentechnische Vorkehrungen getroffen, die im Falle eines Aufruhrs oder sogar eines Revolutionsversuches verhindern sollten, daß die Aufrührer sich bewaffneten.[5] Dazu waren die Schlagbolzen entfernt und getrennt von den Waffen eingelagert worden. Es sollte sich nach dem deutschen Überfall zeigen, daß diese Maßnahmen auch 1940 in einigen Landesteilen wie z. B. im Fylke[6] Østfold, südöstlich von Oslo, noch nicht rückgängig gemacht worden waren. Damit standen mobilisierte Soldaten nach dem Beginn der deutschen Invasion ohne brauchbare Waffen da.

Erst 1936 zeichnete sich in der norwegischen Arbeiterpartei eine Änderung der Verteidigungspolitik ab, als der einflußreiche Politiker und Gewerkschaftsfunktionär Martin Tranmæl auf einem Parteitag auf die politische Entwicklung auf dem Kontinent hinwies und andeutete, daß die internationale Lage eine Änderung der norwegischen Verteidigungspolitik notwendig machen könnte. Nach wie vor aber standen der sozialdemokratische Staatsminister[7] Johan Nygaardsvold und sein Außenminister Halvdan Koht einer Erhöhung des Verteidigungshaushaltes skeptisch gegenüber. Nygaardsvold zog wegen dieser Frage sogar mehrfach seinen Rücktritt in Betracht. Erst der deutsche Einmarsch in die Tschechoslowakei in der Nacht vom 14. auf den 15. März 1939 änderte den Standpunkt des Außenministers, der jetzt zu einem Befürworter einer norwegischen Aufrüstung avancierte.

Aber es war zu spät. Auch wenn die Verteidigungsausgaben im Haushaltsjahr 1939/40 auf 194 Millionen Kronen, das entsprach 33 Prozent des gesamten Haushalts, stiegen, konnten die Versäumnisse der Vergangenheit nicht wieder wettgemacht werden. Es reichte eben nicht, viele

Millionen extra zu bewilligen und in aller Eile Waffenkäufe im Ausland zu tätigen. Entscheidende Versäumnisse und Einsparungen waren bei der Offizier- und Unteroffizierausbildung begangen worden. Diese Fehler wurden nicht korrigiert, was nach dem Überfall auf vielen Kriegsschauplätzen fatale Folgen hatte. Auf deutscher Seite wurde das norwegische Offizierkorps als »überaltert und wenig dienstfreudig« eingeschätzt.[8] Zudem wurde ein Mangel an »hochwertigen Unteroffizieren« konstatiert.

Mitte Dezember 1939, also nach dem Kriegsausbruch auf dem Kontinent, trafen der Oberbefehlshaber des Heeres, General Kristian Laake, und sein Generalstabschef Oberst Rasmus Hatledal mit Staatsminister Nygaardsvold zusammen. Dabei forderte Laake dringend weitere Finanzmittel, um in aller Eile die ärgsten Mängel bei der Ausrüstung und Ausbildung zu beseitigen. Und dem norwegischen Heer mangelte es buchstäblich an allen Ecken und Enden. Standardwaffe der Infanterie war das Krag-Jørgensen-Gewehr, Kaliber 6,5 mm. Auch wenn es eine gute Waffe war, so entsprach es doch schon längst nicht mehr dem neuesten Stand der Technik. Die Artillerie verfügte lediglich über veraltete Kanonen vom Kaliber 75. Zudem mangelte es an Transportmitteln. Gepanzerte Fahrzeuge gab es überhaupt nicht. Generalstabschef Ruge hatte das Heer 1937 in einem Vortrag als »das schlechtestgeübte und schlechtestgerüstete in Europa« charakterisiert.[9]

Am 18. Dezember 1939 errechnete Laake mit seinen verantwortlichen Versorgungsoffizieren einen zusätzlichen Betrag von etwa 152 Millionen Kronen, nur um die größten Löcher im Verteidigungshaushalt zu stopfen. Um ausreichend Munition für die Infanteriewaffen, Granatwerfer und Artillerie zu beschaffen, waren allein 97 Millionen Kronen zu veranschlagen. Bei zehntägigem Kampf war ein Verbrauch von etwa 140 Millionen Schuß an Karabiner- und Maschinengewehrmunition zu kalkulieren; bevorratet waren lediglich 58 Millionen Schuß. Weitere 5 Millionen Kronen wurden für die Anschaffung von Panzerabwehrminen, Flugzeugbomben, Handgranaten sowie Stacheldraht veranschlagt. Für neues Sanitätsmaterial benötigte das Heer 2,6 Millionen Kronen. Katastrophal waren auch die Mängel bei der persönlichen Ausrüstung der Soldaten. Zum Teil fehlte es sogar an Uniformen, so daß die Soldaten bei ihrer Einberufung ihre eigene, zivile Kleidung mitbringen mußten. Weiterhin fehlte es an Stahlhelmen, Zelten und Feldküchen, um nur einige weitere Posten zu nennen.

Im Herbst 1939 war das norwegische Militär folgendermaßen gegliedert: Verteidigungsminister war Oberst Birger Ljungberg, der den kranken Fredrik Monsen von der regierenden Arbeiterpartei abgelöst hatte. Mit der Berufung des eher konservativen Ljungberg wollte die Regierung Nygaardsvold den Vorwurf des Offizierkorps entkräften, nicht genug für die Landesverteidigung zu tun. Verteidigungsminister Ljungberg erwies sich jedoch als kraftloser Ressortchef, der kurz vor dem Überfall mehrfach die Forderung von Generalstabschef Hatledal nach einer Mobilmachung des Heeres zurückwies. Oberbefehlshaber des Heeres war General Kristian Laake, der direkt König Håkon VII. unterstellt war. Laake war 1932 nicht unbedingt wegen herausragender militärischer Leistungen zum Oberbefehlshaber des Heeres ernannt worden, sondern weil er bereit gewesen war, die drastischen Einsparungen im Verteidigungshaushalt zu akzeptieren.

Nach einer totalen Mobilmachung sollten die Landstreitkräfte theoretisch über rund 106.000 Soldaten verfügen. Norwegen war in sechs Kommandodistrikte aufgeteilt. Jedem Distrikt war eine Division zugeordnet. Die 1. Division (Kommandeur: Generalmajor Carl Erichsen) hatte ihr Hauptquartier in der Stadt Halden am südöstlichen Eingang zum Oslofjord. Die 2. Division (Kommandeur: Generalmajor Hvinden Haug) hatte ihr Hauptquartier in Oslo, die 3. Division (Kommandeur: Generalmajor Einar Liljedahl) in Kristiansand, die 4. Division (Kommandeur: Generalmajor Steffens) in Bergen, die 5. Division (Kommandeur: Generalmajor Jacob A. Laurantzon) in Trondheim und die 6. Division (Kommandeur: Generalmajor Carl Gustav Fleischer) in Harstad in Nordnorwegen. Im Frieden waren die norwegischen Divisionen in Regimenter eingeteilt. Jedes Regiment verfügte über einen Übungsplatz mit einem Barackenlager. Hier wurden die Rekruten ausgebildet. Im Mobilmachungsfall sollten sich die Soldaten auf den Übungsplätzen einfinden. Auf oder in der Nähe dieser Übungsplätze waren auch die Ausrüstung und die Waffen der Soldaten eingelagert.

Im Kriegsfall sollte das Heer völlig umorganisiert werden. Dann hatte jede Division eine Brigade aufzustellen, die aus vier Infanteriebataillonen sowie aus Radfahrer-, Kavallerie-, Artillerie-, Fernmelde-, Pionier- und Sanitätsabteilungen bestand. Hier lag sicherlich eine der Hauptschwächen der norwegischen Verteidigung. Eine Umorganisation nach Kriegsausbruch kostete Zeit und war zudem nie praktisch geübt worden. Die Sollstärke einer Brigade betrug rund 6.000 Soldaten. Außerhalb der Brigaden standen der Landsturm, Teile der Infanterie, der Kavallerie sowie die schwere Artillerie. Zwei oder mehrere Brigaden konnten bei Bedarf zu einer Armeeabteilung zusammengelegt werden. Eine Armeeabteilung bildete die größte operative norwegische Einheit.

Im allgemeinen Chaos nach dem deutschen Überfall konnte außer der 6. Brigade in Nordnorwegen keine Brigade regulär aufgestellt werden. Die 6. Brigade war bereits im Januar 1940 mobilisiert worden. Ihre Aufgabe war allerdings die Sicherung der norwegischen Grenze gegen die Sowjetunion. Die norwegische Regierung fürchtete nach dem Ausbruch des sowjetisch-finnischen Winterkrieges (30. November 1939–12. März 1940) einen sowjetischen Angriff auf Nordnorwegen. An einen Krieg mit Deutschland dachte zu dieser Zeit in Norwegen niemand.

Im Jahre 1935 war eine neue Mobilmachungsordnung für das Heer eingeführt worden. Die allgemeine Mobilmachung konnte offen, das heißt durch den Gebrauch aller bestehenden öffentlichen Kommunikationsmittel geschehen, um so eine möglichst rasche Mobilmachung zu garantieren. Sie konnte aber auch still durchgeführt werden. Dann wurde jeder einzelne Soldat per Post benachrichtigt. Dieses Verfahren nahm mindestens drei Tage in Anspruch.

Neben der allgemeinen Mobilmachung gab es noch die Möglichkeit der Teilmobilmachung. In diesem Fall sollten nur die Soldaten ausgewählter Einheiten und Stäbe per Brief einberufen werden. Der Oberbefehlshaber des Heeres hatte hier zusätzlich die Möglichkeit, nach eigenem Ermessen eine fernmündliche Benachrichtigung der Soldaten anzuordnen. Mit dieser unübersichtlichen Mobilmachungsordnung waren weder Regierung noch Parlament vertraut, was sich Anfang April 1940 als verhängnisvoll erweisen sollte, als durch unklare, sich teilweise widersprechende Befehle und Beschlüsse ein völliges Chaos entstand.

Das Oberkommando des Heeres (norwegisch: Hærens Overkommando, HOK) sollte eine kriegsmäßige Stärke von 150 Soldaten haben. Sitz des Oberkommandos war die Festung Akershus in Oslo.

Eine Luftwaffe als unabhängige Teilstreitkraft existierte bei Kriegsausbruch 1939 in Norwegen nicht. Sowohl das Heer als auch die Marine besaßen ihre eigenen fliegenden Verbände. Die Heeresfliegerverbände wurden zusammen mit der Marine im September 1939 mobilisiert. Chef der Heeresflieger war Oberst Thomas Gulliksen. Sein Stab bestand aus 74 Soldaten.

Die Heeresluftwaffe war schlecht gerüstet. Das fliegende Material entsprach in keiner Weise zeitgemäßen Ansprüchen. Es war veraltet, verbraucht, zu schwach oder überhaupt nicht bewaffnet. Nach Angaben des Verteidigungsministers verfügte das Heer am 8. Januar 1940 über insgesamt 62 Flugzeuge.[10]

Hauptmuster der Heeresflieger war die Fokker CVD, ein holländischer Aufklärer und Bomber. Im Jahre 1928 waren fünf Flugzeuge gekauft worden. Weitere 43 Flugzeuge waren in den Jahren von 1929 bis 1939 in Lizenz in einer Flugzeugfabrik auf dem Flugplatz Kjeller wenige Kilometer nordöstlich von Oslo gebaut worden. Die Höchstgeschwindigkeit der Fokker betrug 215 km/h. Die Dienstgipfelhöhe betrug 5.900 m, die Reichweite

1.000 km. Die Bewaffnung bestand aus einem starren und einem beweglichen Maschinengewehr (Kaliber 7,92 mm). Die Bombenzuladung betrug 300 kg.

In den Jahren 1938/39 wurden zwölf Jagdflugzeuge vom Typ Gloster Gladiator MK II in Großbritannien beschafft. Von diesen waren Anfang April 1940 sieben einsatzbereit und auf dem Flugplatz Fornebu südwestlich von Oslo stationiert. Die Höchstgeschwindigkeit dieses Jägers betrug 400 km/h. Die Dienstgipfelhöhe betrug 10.000 m, die Reichweite rund 700 km. Bewaffnet war das Flugzeug mit vier Vickers Maschinengewehren (Kaliber 7,7 mm).

Im Herbst 1939 versuchte die norwegische Regierung, quasi fünf vor zwölf, verzweifelt, den Flugzeugpark zu erweitern und zu modernisieren. In Deutschland wurden zehn Stieglitz-Schulflugzeuge und sechs Heinkel-Torpedobomber bestellt. In den USA wurden 41 Jäger vom Typ Curtiss Hawk, 36 Douglas- und 24 Northrop-Bomber bestellt. In Italien wurden zwölf Bomber vom Typ Caproni Ca 310 eingekauft. Nur wenige der bestellten Flugzeuge waren im April 1940 bereits geliefert worden, geschweige denn einsatzbereit. Über die Qualität dieser Flugzeuge heißt es im Katalog des norwegischen Luftwaffenmuseums mit wenig schmeichelhaften Worten: »Einige Flugzeuge wurden in den Jahren 1938–39 angeschafft, aber sie konnten nicht aus dem obersten Regal gewählt werden.«[11] Hier war wohl besonders die Caproni gemeint, die modernen Ansprüchen in keiner Weise gerecht wurde.

Die norwegischen Seeverteidigungskräfte umfaßten neben der Marine auch die Marineflieger sowie die Küstenartillerie. Kommandierender Admiral der Seeverteidigungskräfte war Henry Edward Diesen, der, wie der Oberbefehlshaber des Heeres, direkt dem König unterstellt war.

Norwegen war in drei Seeverteidigungsdistrikte eingeteilt. Der erste Distrikt umfaßte ganz Südnorwegen. Der Chef des Distriktes, Konteradmiral J. Smith-Johannsen, hatte sein Hauptquartier in der Hafenstadt Horten am westlichen Ufer des Oslofjords. Der zweite Distrikt umfaßte Westnorwegen. Konteradmiral C. Tank-Nielsen als Chef dieses Distriktes hatte sein Quartier in Bergen. Der dritte Distrikt umfaßte Nordnorwegen. In der Hafenstadt Tromsø residierte Kapitän zur See (norwegisch: Kommandør) L. Hagerup als oberster Befehlshaber der nordnorwegischen Seestreitkräfte.

Die beiden südlichen Seeverteidigungsdistrikte waren aus organisatorischen Gründen in sogenannte Abschnittskommandos unterteilt. In Nordnorwegen wurde der gesamte Seeverteidigungsbezirk bei Kriegsausbruch dem Kommandeur der 6. Division, Generalmajor Fleischer, unterstellt.

Am 31. Dezember 1939 verfügte die Marine neben diversen Hilfsfahrzeugen über 63 einsatzbereite Schiffe.[12] Von diesen 63 Schiffen waren nur 19 nach 1918 vom Stapel gelaufen, während die übrigen in den Jahren von 1874 bis 1918 gebaut worden waren. Zu den veralteten Schiffen der Marine zählten auch die größten Einheiten, nämlich die vier Panzerschiffe HARALD HAARFARGE und TORDENSKJØLD, die beide 1897 vom Stapel gelaufen waren, sowie NORGE und EIDSVOLD, die im Jahre 1900 fertiggestellt worden waren. Alle vier genannten Panzerschiffe waren also noch vor der Auflösung der schwedisch-norwegischen Union im Jahre 1905 gebaut worden, als Norwegen seine Unabhängigkeit erhielt und der dänische Prinz Carl als Håkon VII. den norwegischen Thron bestieg. In den Jahren 1919 bis 1921 waren drei große Torpedoboote, in den Jahren 1922 bis 1929 sechs U-Boote und 1932 der Minenleger OLAV TRYGGVASON in Dienst gestellt worden. Zu den modernsten Einheiten der Marine gehörten die 1936 in Dienst gestellten Torpedobootzerstörer ÆGIR und SLEIPNER, der 1938 fertiggestellte Torpedobootzerstörer GYLLER sowie die 1939 von der Werft gelieferten Torpedobootzerstörer ODIN und BALDER. Ein weiteres Boot hatte am 9. April 1940 bereits seine Probefahrt hinter sich, war aber noch nicht armiert.

Abgesehen davon, daß die meisten schwimmenden Einheiten hoffnungslos veraltet waren, befanden sich viele auch in einem beklagenswerten Zustand. Wiederholt hatte sich der Oberbefehlshaber der Marine über mangelnde Mittel zur Instandhaltung der Einheiten beklagt. So war das Panzerschiff HARALD HAARFARGE im Herbst 1939 wegen Geldmangels nicht einsatzbereit.[13]

Auch die norwegische Marine verfügte über eigene fliegende Verbände. Am 8. April 1940 besaßen die Marineflieger 53 Flugzeuge. Davon waren 28 Kampfflugzeuge und 14 Aufklärungs- und Schulflugzeuge. 11 Maschinen waren nicht einsatzbereit. Zu den 28 Kampfflugzeugen gehörten auch fünf Heinkel-Torpedobomber.

Eine besondere Waffengattung war und ist in Norwegen die Küstenartillerie. Die Zufahrten zu fast allen größeren Hafenstädten des Landes waren durch verbunkerte Artillerie- und Torpedostellungen gesichert. Im Jahre 1933 war diese Waffengattung der Marine unterstellt worden. Genauso wie Heer und Marine litt auch die Küstenartillerie unter einem katastrophalen Mangel an modernem Material, ausreichend Munition sowie ausgebildeten Soldaten. Diese eklatanten Mängel sollen hier an einigen Beispielen gezeigt werden. Die Festung in der südnorwegischen Hafenstadt Kristiansand hatte seit den zwanziger Jahren Reservestatus gehabt. Die Konsequenz war, daß keine neuen Soldaten an den Festungswaffen ausgebildet worden waren. Die letzten Reservistenübungen auf der Festung waren 1928 durchgeführt worden.[14] Die Festung Agdenes am Eingang des Trondheimfjords verfügte über keinerlei Luftabwehr. Allen norwegischen Festungen mangelte es an modernen Scheinwerfern, Entfernungsmeßgeräten sowie Stromaggregaten. Als die Stadt Bergen zur Vorbeugung gegen Luftangriffe in der Invasionsnacht verdunkelt wurde, gingen auch auf der Festung die Lichter aus, weil sie über das lokale Elektrizitätswerk der Stadt mit Strom versorgt wurde. Als überaus verhängnisvoll sollte sich jedoch die Tatsache erweisen, daß das Heer keine Truppen zur Deckung der Festungen gegen Landangriffe abgestellt hatte. Für die Invasoren war es somit leicht, die Festungen, die sich nicht sofort ergaben, von Land her anzugreifen und auszuschalten.

Während die norwegische Marine während des Ersten Weltkrieges umfangreiche Minenfelder in den Küstengewässern ausgelegt hatte, um die Neutralität zu schützen, existierte am 9. April 1940 kein einziges Minenfeld. In den Jahren von 1920 bis 1930 waren überhaupt keine Mittel zur Beschaffung von Minen bereitgestellt worden. Von 1931 bis 1939 wurden jährlich zwischen 5.000 und 10.000 Kronen zur Minenbeschaffung freigegeben. Erst im Haushaltsjahr 1939/40 wurde dieser Betrag deutlich erhöht. Auch hier werden die Versäumnisse der Verteidigungspolitik deutlich, denn umfangreiche Minensperren, ausgelegt vor den Zufahrten zu den wichtigsten Häfen, hätten die Angreifer in beträchtliche Schwierigkeiten bringen können.

Nach dem deutschen Überfall auf Polen wurde die norwegische Marine teilweise mobilisiert. Weiter wurden ein Drittel der Mannschaften der Küstenforts einberufen und Heeres- und Marineluftwaffe mobilisiert. Jetzt begann auch die Einberufung von Reservisten. Ziel dieser Einberufungen war die Auffrischung militärischer Kenntnisse und nicht die Herstellung der Kampfbereitschaft. In Südnorwegen taten so im Winter 1939/40 ständig vier bis fünf Bataillone Dienst. Die Mannschaften dieser Einheiten wurden aber gerade um den 1. April 1940 abgelöst, und die neu einrückenden Reservisten und Rekruten hatten keine oder nur eine lang zurückliegende militärische Ausbildung.

3. »Weserübung«

3.1. Die deutsche militärische Planung

Am 21. Februar 1940 war der Kommandierende General des XXI. Armeekorps, General der Infanterie Nikolaus von Falkenhorst, von Hitler mit der Planung der Operation »Weserübung« beauftragt worden. Falkenhorst galt in Hitlers Augen als Norwegenkenner, weil er als Hauptmann i.G. und Erster Generalstabsoffizier (Ia) der Ostseedivision unter General von der Goltz auf der Seite der »Weißen« 1918 am finnischen Bürgerkrieg teilgenommen hatte.

Unter der Bezeichnung »Sonderstab Gruppe XXI« begannen sorgfältig ausgewählte Offiziere um Falkenhorst am 26. Februar 1940 mit der Planung. Generalstabschef der Gruppe XXI war Oberst i.G. Erich Buschenhagen, und Erster Generalstabsoffizier (Ia) war Oberstleutnant i.G. Hartwig Pohlmann.[15]

Entgegen der immer noch verbreiteten Geschichte konnte General von Falkenhorst nicht nur auf den »Baedeker« zurückgreifen, um sich einen ersten Überblick über Norwegen zu verschaffen. In der Abteilung »Fremde Heere« des Generalstabs existierte ein »Orientierungsheft Norwegen«, das am 28. Januar 1940 herausgesucht wurde, nachdem Hitler am Vortag die Bildung eines Sonderstabes bei der Abteilung Landesverteidigung des Oberkommandos der Wehrmacht (OKW) befohlen hatte. Dieser Sonderstab hatte die Aufgabe, militärische Informationen über Dänemark und Norwegen zu beschaffen.[16]

Allerdings waren die Informationen in dem Orientierungsheft völlig veraltet. Der Abwehroffizier Erich Pruck wurde von seinen Aufgaben im Amt Ausland/Abwehr des OKW freigestellt und der Gesandtschaft in Oslo zugeteilt, um militärische Informationen über das Land zu sammeln. In der norwegischen Hauptstadt arbeitete er eng mit einem Major der Abwehr, Berthold Benecke, zusammen. Dieser war 1937 im Auftrag von Admiral Canaris für einige Monate in Norwegen gewesen. Seit dem 1. Dezember 1938 war er ständig in Oslo stationiert. Major Beneckes[17] offizieller diplomatischer Status war der eines Stellvertretenden Handelsattachés an der deutschen Gesandtschaft in Oslo. Pruck und Benecke machten sich daran, alle erreichbaren militärischen Informationen über die norwegische Landesverteidigung zu sammeln. Ranglisten, Heeres- und Marinekalender waren im freien Handel erhältlich. Handbücher, Nachschlagewerke, Zeitschriften, Zeitungen und Landkarten, die militärisch nutzbare Informationen enthielten, wurden beschafft und nach Berlin geschickt. Besonders wertvoll waren laut Pruck das komplette Straßenkartenwerk des Königlich Norwegischen Automobilklubs und Ansichtskarten mit Luftaufnahmen aller größeren norwegischen Hafenstädte.[18] Als »sträflich sorglos« von norwegischer Seite aus charakterisierte Pruck die Tatsache, daß in den amtlichen Fernsprechverzeichnissen unter dem Stichwort »Militærstasjoner« (Militärstationen) alle vorhandenen Stäbe, Einheiten und Verwaltungsdienststellen unter exakter Angabe der Adresse inklusive Dienstgebäude aufgeführt waren. Als Ende Februar 1940 die konkrete Planung des Überfalls begann, konnte der Stab der Gruppe XXI also auf umfangreiches norwegisches Originalmaterial zurückgreifen, das von Mitarbeitern der Abwehr unter dem Deckmantel diplomatischer Immunität in Norwegen beschafft worden war. Sogar die norwegische Verteidigungsstrategie war der Gruppe XXI bekannt. Am 4. Oktober 1937 hatte der norwegische Generalstabschef Oberst Otto Ruge in einem öffentlichen Vortrag in Oslo die Strategie erläutert. Danach sollte im Falle eines Angriffs nur schwacher Widerstand an der Küste geleistet werden, um Zeit zu gewinnen. Das mobilisierte Heer sollte dann im Landesinneren hinhaltenden Widerstand leisten.[19] Auch wenn Agenten der Abwehr durch die umfangreichen Beschaffungsmaßnahmen einen nicht zu unterschätzenden Anteil am Gelingen von »Weserübung« hatten, so stand die Führung der Abwehr unter Admiral Canaris der gesamten Unternehmung von Anfang an ablehnend gegenüber. Canaris hielt den Angriff auf die beiden skandinavischen Staaten für übereilt und leichtfertig. Er rechnete mit hohen Verlusten an Menschenleben und Material, nicht zuletzt bei den Überwasserstreitkräften. Schon massive alliierte Flottendemonstrationen in der Nordsee sowie in den norwegischen Küstengewässern hätten nach Canaris' Ansicht Hitler von seinem Plan trotz der relativ großen Überlegenheit der deutschen Luftwaffe abgehalten.[20]

Am 1. März 1940 unterzeichnete Hitler die vom Wehrmachtführungsamt ausgearbeitete Weisung für den »Fall Weserübung«. Sie begründete den Neutralitätsbruch: »1.) Die Entwicklung der Lage in Skandinavien erfordert es, alle Vorbereitungen zu treffen, um mit Teilkräften der Wehrmacht Dänemark und Norwegen zu besetzen (›Fall Weserübung‹). Hierdurch soll englischen Übergriffen nach Skandinavien und der Ostsee vorgebeugt, unsere Erzbasis in Schweden gesichert und für Kriegsmarine und Luftwaffe die Ausgangsstellung gegen England erweitert werden.«[21]

Zuerst wird hier der angebliche Präventivcharakter des Unternehmens hervorgehoben, nämlich einem britischen Zugriff auf Norwegen zu-

Auf der Überfahrt von Dänemark nach Norwegen. Ein deutsches Kriegsschiff fährt U-Boot-Sicherung. Das Foto wurde wahrscheinlich von den Truppentransportern BUENOS AIRES oder LEUNA aus aufgenommen, die vom 17. auf den 18. April 1940 das Maschinengewehr-Bataillon 13 nach Oslo transportierten.

Foto: Gudbrandsdal Krigsminnesamling

vorzukommen und die Erzzufuhr aus Schweden zu sichern. Allerdings wird auch das Ziel erwähnt, die Ausgangsstellung der Kriegsmarine und der Luftwaffe gegen England zu erweitern, also die strategische Ausgangslage des Reiches gegenüber Großbritannien zu verbessern. Diese vorgegebene Zielsetzung hat mit der Präventivschlag- oder Wettlauftheorie, so sich denn noch Anhänger dieser Thesen finden, nichts mehr zu tun. Die hier vorgegebene Zielsetzung kann nur als blanke Aggression gewertet werden.

Zur Aufgabenverteilung der einzelnen Waffengattungen und zur eigentlichen Besetzung hieß es weiter: »Kriegsmarine und Luftwaffe fällt im Rahmen der gegebenen Möglichkeit die Sicherung des Unternehmens gegen das Eingreifen britischer See- und Luftstreitkräfte zu. Die für den ›Fall Weserübung‹ einzusetzenden Kräfte werden im Hinblick auf unsere militärpolitische Stärke gegenüber den nordischen Staaten so schwach wie möglich gehalten. Ihre zahlenmäßige Schwäche muß durch kühnes Handeln und überraschende Durchführung ausgeglichen werden. Grundsätzlich ist anzustreben, der Unternehmung den Charakter einer friedlichen Besetzung zu geben, die den bewaffneten Schutz der Neutralität der nordischen Staaten zum Ziel hat. Entsprechende Forderungen werden mit Beginn der Besetzung den Regierungen übermittelt werden. Flotten- und Luftdemonstrationen werden erforderlichenfalls den nötigen Nachdruck geben. Trotzdem ist auftretender Widerstand unter Einsatz aller militärischen Mittel zu brechen.«[22]

Zwischen diesen Zeilen schimmern deutlich die Schwierigkeiten durch, denen sich die einzelnen Waffengattungen bei der Planung der Unternehmung gegenübersahen. Während die Marine unter ihrem Oberbefehlshaber Großadmiral Erich Raeder als treibende Kraft hinter »Weserübung« stand, waren Heeres- und Luftwaffenführung schon ganz auf den zugleich geplanten Westfeldzug fixiert und fürchteten eine Zersplitterung ihrer Kräfte. Zudem intervenierte Hermann Göring als Oberbefehlshaber der Luftwaffe erfolgreich bei Hitler gegen eine Unterstellung der für »Weserübung« eingeplanten Luftwaffenverbände unter den Befehlshaber der Gruppe XXI. Im ersten Entwurf der Weisung für »Weserübung« hatte es noch geheißen: »Die Kräfte der Luftwaffe werden zur Durchführung der ›Weserübung‹ der Gruppe XXI taktisch unterstellt. Sie treten nach Beendigung ihrer Aufgabe unter den Befehl des Ob.d.L. [Oberbefehlshaber der Luftwaffe] zurück.«[23] Dieser Passus war im Entwurf vom 4. März 1940 mit einem Deckblatt überklebt worden und hieß jetzt: »Die Seestreitkräfte der Kriegsmarine und die von der Luftwaffe eingesetzten Kräfte bleiben dem Ob.d.M. [Oberbefehlshaber der Marine] bzw. Ob.d.L. unterstellt. Sie sind im engen Einvernehmen mit dem Befehlshaber der Gruppe XXI einzusetzen.«[24] Diese Zersplitterung der Kräfte, die einzig und allein auf die verletzte Eitelkeit Görings zurückzuführen war, der eifersüchtig über seine Luftwaffe wachte und sich bei der Planung von »Weserübung« übergangen fühlte, hatte bei einzelnen Unternehmungen auf dem norwegischen Kriegsschauplatz schwerwiegende Folgen.

Am 5. März 1940 legte das Oberkommando der Wehrmacht den Kräfteeinsatz endgültig fest und gab den Operationsbefehl für die Besetzung Norwegens heraus. Ziel des Unternehmens war danach: »a) die überraschende Besetzung und Befriedung Norwegens, b) die Ausschaltung der norwegischen Wehrmacht, c) Verhinderung der Landung englischer Kräfte.«[25] Dieses Ziel sollte in einer gemeinsamen Operation der drei Wehrmachtteile erreicht werden.

Die Luftwaffe stellte dazu das X. Fliegerkorps unter dem Kommando von Generalleutnant Hans Geisler ab. Folgende Kriegsgliederung war für das Korps befohlen worden:

- »2 Jagdgruppen Messerschmidt Bf 109
- 1 Zerstörergruppe
- 1 Kampfgeschwader He 111
- 1 verstärktes Kampfgeschwader (3 Gruppen He 111, 1 Gruppe Ju 87 mit Zusatztanks)
- 2 Aufklärungsstaffeln
- 1 Kurierstaffel
- 8 Transportgruppen (Ju 52, Ju 90)
- 1 Fallschirmjägerregiment mit 4 Kompanien«.

Die Aufgaben der Luftwaffe wurden im Operationsbefehl für die Besetzung Norwegens im einzelnen festgelegt:
»a) Überführung und Absprung von Fallschirmjägern nach Oslo, Kristiansand, Stavanger und Bergen
b) Überführung und Landung von Einheiten des Heeres als Luftlandetruppe nach: Oslo, Stavanger und Bergen als I. Lufttransportstaffel; Oslo, Kristiansand, Stavanger und Bergen als II. Lufttransportstaffel
c) Schutz der Transportstaffeln und der Landung gegen feindliche Flieger
d) Abwerfen von Flugblättern
e) Eingreifen in den Erdkampf zum Niederkämpfen feindlicher Widerstandsnester, Flak- und Küstenbatterien
f) Bereithalten gelandeter Jagd- und Zerstörereinheiten auf norwegischen und jütländischen Flughäfen zur Abwehr englischer Luftstreitkräfte
g) Flakschutz nach der Landung in Oslo, Stavanger, Bergen, Drontheim und Narvik.«[26]

Beim Unternehmen »Weserübung« setzte die Kriegsmarine fast die gesamten einsatzbereiten Überwasserstreitkräfte sowie 28 U-Boote ein. Ihr Auftrag lautete: »Die Kriegsmarine übernimmt den Antransport aller auf Seetransport angewiesenen Einheiten auf Kriegsschiffen und sonstigen Seefahrzeugen, den Flak- und Feuerschutz für die Landung bis zu ihrem Abschluß.«[27]

Die für diese vorgegebenen Aufgaben zur Verfügung stehenden Überwasserstreitkräfte wurden in insgesamt zehn Kriegsschiffgruppen eingeteilt. Davon waren sechs Kriegsschiffgruppen für »Weserübung Nord«, also die Besetzung Norwegens vorgesehen.

Die Kriegsschiffgruppe 1, Zielhafen Narvik, bestand aus 10 Zerstörern, die rund 2.000 Soldaten gen Norden beförderten. Die Kriegsschiffgruppe 2, Zielhafen Trondheim, bestand aus dem Schweren Kreuzer ADMIRAL HIPPER sowie vier Zerstörern. Auch in Trondheim sollten 2.000 Heeressoldaten angelandet werden. Die Kriegsschiffgruppe 3, Zielhafen Bergen, bestand aus den beiden Leichten Kreuzern KÖLN und KÖNIGSBERG sowie einer Anzahl kleinerer Schiffe. Hier sollten ebenfalls rund 2.000 Heeressoldaten landen. Die Kriegsschiffgruppe 4, Zielhafen Kristiansand, bestand aus dem Leichten Kreuzer KARLSRUHE sowie verschiedenen kleineren Schiffen, die rund 1.500 Soldaten anlanden sollten. Die Kriegsschiffgruppe 5, Zielhafen Oslo, bestand aus dem Schweren Kreuzer BLÜCHER, dem Panzerschiff LÜTZOW, dem leichten Kreuzer EMDEN sowie drei Torpedobooten und zahlreichen kleineren Einheiten. An Bord dieser Kriegsschiffgruppe befanden sich rund 2.000 Heeressoldaten. Die Kriegsschiffgruppe 6, Zielhafen Egersund, bestand aus einigen Minensuchbooten.

Über die Verwendung von BLÜCHER in der Kriegsschiffgruppe 5 und als Flaggschiff des als deren Führer eingeteilten Konteradmirals Oskar Kummetz ist viel geschrieben und spekuliert worden. Definitiv steht fest, daß die schwere Artillerie des nagelneuen Kreuzers nicht einsatzbereit war. Zudem waren von der Besatzung keine Klarschiffübungen, keine Leckwehrübungen sowie kein Maschinengefechtsdienst durchgeführt worden. Das Schiff war nur für einfache Aufgaben einsatzbereit.[28] Daß der Einsatz des Kreuzers, noch dazu als Führungsschiff, von Hitler dennoch befohlen wurde, zeigt seine Unkenntnis, scheint er doch nach seinem persönlichen Kontakt mit dem norwegischen Nationalsozialisten Vidkun Quisling davon überzeugt gewesen zu sein, als Freund und Beschützer nach Norwegen zu kommen. Die traditionell engen politischen und wirtschaftlichen Beziehungen zwischen Norwegen und Großbritannien, die sich schon während des Ersten Weltkrieges gezeigt hatten, sowie die engen Beziehungen zwischen dem norwegischen und dem britischen Königshaus – die norwegische Königin Maud (1869–1938), Gemahlin von König Håkon VII., war eine Tochter König Edwards VII. – hat Hitler bei der Erteilung seines Befehls außer acht gelassen.

Dagegen hat der Planungsstab der Gruppe XXI die Haltung vieler Norweger gegenüber Deutschland durchaus realistisch eingeschätzt, wie aus dem Operationsbefehl eindeutig hervorgeht: »Bei der z. T. ausgesprochen deutschfeindlichen Einstellung der norwegischen Bevölkerung muß [...] mit der Möglichkeit örtlichen Widerstands und des Vorhandenseins zahlreicher englischer Agenten gerechnet werden.«[29]

Das Heer stellte folgende Großverbände für »Weserübung Nord« ab: 3. Gebirgsdivision (Kommandeur: Generalmajor Eduard Dietl), Bereitstellungsraum Nauen, Frohnau, Döberitz; 69. Infanteriedivision (Kommandeur: Generalmajor Hermann Tittel), Bereitstellungsraum Truppenübungsplatz Großborn; 163. Infanteriedivision (Kommandeur: Generalmajor Erwin Engelbrecht), Bereitstellungsraum Truppenübungsplatz Döberitz; 181. Infanteriedivision (Kommandeur: Generalmajor Kurt Woytasch), Bereitstellungsraum Bergen, Uelzen; 196. Infanteriedivision (Komman-

Fahrt durch den Oslofjord. Auf dem Fjord herrscht reger Schiffsverkehr. Deutsche Transportschiffe fahren in Richtung Süden.

Foto: Gudbrandsdal Krigsminnesamling

deur: Generalmajor Richard Pellengahr), Bereitstellungsraum Danzig, Gotenhafen; 214. Infanteriedivision (Kommandeur: Generalmajor Max Horn), Bereitstellungsraum Cottbus, Guben.[30]

In norwegischen Darstellungen findet sich gelegentlich die Aussage, es habe sich bei den genannten Divisionen um Eliteeinheiten gehandelt.[31] Davon kann keine Rede sein. Bis auf die 3. Gebirgsdivision, die am Polenfeldzug teilgenommen hatte, verfügte keine der Divisionen über Kampferfahrung. Die 196. Infanteriedivision war erst im September 1939 aufgestellt worden. Aus den Regimentslisten geht hervor, daß von zehn Offizieren neun Reserveoffiziere waren, die meistens als Etappenoffiziere am Ersten Weltkrieg teilgenommen hatten.[32]

In der ersten Welle sollten von der Kriegsmarine und der Luftwaffe nur Teile der 163. und der 69. Infanteriedivision sowie der 3. Gebirgsdivision in den norwegischen Zielhäfen angelandet werden, insgesamt rund 10.000 Heeressoldaten. Die übrigen Einheiten sollten per See- und Lufttransport in den folgenden Tagen nachgeführt werden.

Der Stab der Gruppe XXI ging bei der Einschätzung der norwegischen Reaktion auf die deutsche Invasion von zwei Möglichkeiten aus: Im Falle einer friedlichen Besetzung hatte die Truppe den Auftrag, »durch festes, soldatisches Auftreten den ersten Eindruck der überraschenden Besetzung auf die norwegische Wehrmacht und Bevölkerung zu vertiefen und sich rasch in den Besitz der militärisch, politisch und verkehrstechnisch wichtigen Anlagen zu setzen.«[33] Sollten die Invasionstruppen auf norwegischen Widerstand stoßen, dann sollten zuerst die die Landung behindernden Verteidigungsanlagen mit allen zur Verfügung stehenden Mitteln niedergekämpft werden. Weiter lautete der Auftrag, »den Landungsort mit seinen militärisch, verkehrsmäßig und politisch wichtigen Anlagen fest in die Hand zu bekommen, die dort stehenden Truppen zu vernichten und den Ort für weitere Landungen und als Ausgangspunkt für Operationen gegen weitere Teile der feindlichen Wehrmacht zu sichern.«[34] Besonders erwähnt wurden in dem Befehl die in der Nähe der Landungsorte liegenden Ausbildungslager und Mobilmachungsplätze. Durch deren schnelle Besetzung hofften die deutschen Generalstabsoffiziere die norwegische Mobilmachung empfindlich zu stören oder örtlich und regional ganz zu verhindern.

Oberstes Gebot bei der Planung von »Weserübung« war absolute Geheimhaltung. Nur wenn der Plan geheim blieb, konnte das Überraschungsmoment, auf dem das gesamte Unternehmen beruhte, optimal genutzt werden. Bis auf die Divisionskommandeure und wenige andere Offiziere wurden alle beteiligten Soldaten über das Ziel bewußt im Ungewissen gelassen. Im Operationsbefehl hieß es dazu: »Können Vorbereitungen für die Verschiffung nicht mehr geheim gehalten werden, sind Führern und Truppe andere Ziele vorzutäuschen.«[35] Schnell ging unter den Soldaten nach den Verlegungen der Einheiten in die Bereitstellungsräume und später in die norddeutschen Verschiffungshäfen das Gerücht um, die Fahrt gehe in Richtung Großbritannien.[36]

Nach der Verlegung der Heeresverbände in ihre Bereitstellungsräume stellte besonders die Überwachung des Postverkehrs ein nicht zu unterschätzendes Problem dar. Trotz der Verhängung einer Postsperre mußte gelegentlich zu drastischen Maßnahmen gegriffen werden, um die Geheimhaltung sicherzustellen. Nachdem die 3. Gebirgsdivision in den Raum Berlin verlegt worden war, wurde festgestellt, daß viele Soldaten ihre Briefe an der Militärzensur vorbei in gewöhnliche Briefkästen warfen. Kurzerhand wurde darauf während der heißen Phase unmittelbar vor »Weserübung« der gesamte Postverkehr in Berlin auf Eis gelegt.[37]

Trotz dieser überaus restriktiven Geheimhaltung hatte es für offizielle norwegische Stellen genug Anzeichen und direkte Hinweise auf einen bevorstehenden deutschen Angriff gegeben. So meldete Anfang April der dänische Marineattaché nach Kopenhagen, daß in Berlin Schnellkurse für

Ein an Bord eines Truppentransporters aufgestelltes Maschinengewehr zur Flugabwehr. Die Heeressoldaten tragen Korkschwimmwesten.
Foto: Gudbrandsdal Krigsminnesamling

Soldaten im Gebrauch skandinavischer Sprachen abgehalten wurden. Über das exakte Angriffsdatum auf Dänemark und Norwegen war der niederländische Militärattaché Oberst Sas von Oberst Hans Oster, Chef der Zentralgruppe, später der Abteilung Z (Organisation und Verwaltung) der Abwehr, informiert worden. Sas schrieb nach dem Krieg: »Am 3. April im Laufe des Nachmittags teilte mir Oster mit, daß der Angriff auf Dänemark und Norwegen unmittelbar bevorstehe, und daß die Westoffensive mit Sicherheit kurze Zeit danach gestartet werde. [...] Ich benachrichtigte auch den dänischen Militärattaché van Kjolsen und den norwegischen Attaché Stang. Kjolsen gab die Nachricht weiter, Stang dagegen nicht, weil er, wie man später entdeckte, gerade so wie Quisling schon für Deutschland arbeitete.«[38] Tatsächlich wurde nach dem Krieg Anklage wegen Landesverrates gegen Ulrich Stang erhoben. Während des Prozesses wurde dieser Vorwurf fallengelassen. Dagegen wurde Stang wegen seiner Mitgliedschaft in

Die BLÜCHER treibt mit schwerer Schlagseite hilflos im Oslofjord. Die eingeschifften Heeressoldaten und die Besatzungsmitglieder des Kreuzers versuchen verzweifelt, sich in dem eiskalten Wasser am frühen Morgen des 9. April 1940 an Land zu retten.
Foto: Kristian Hosar

Vidkun Quislings nationalsozialistischer Partei »Nasjonal Samling« (deutsch: »Nationale Sammlung«) zu vier Jahren Zwangsarbeit verurteilt.[39]

Seit Kriegsausbruch waren die norwegischen Territorialgewässer zum Aufmarschgebiet von Kriegsschiffen beider Seiten geworden. In den norwegischen Neutralitätsregeln hieß es unter anderem, daß sich Kriegsschiffe der kriegführenden Mächte bis zu 24 Stunden in norwegischen Häfen aufhalten durften. Im Falle von Seeschäden, die nicht sofort behoben werden konnten, konnte die Liegezeit verlängert werden.

Am 27. März oder 28. März 1940 war das deutsche U-21 vor Kap Lindesnes an der südnorwegischen Küste auf eine Schäre gelaufen. Nach der Aussage des ehemaligen Maschinenobergefreiten von U-21, Georg Müller, war in der Nacht vom 27. März auf den 28. März 1940 bei schwerem Schneetreiben der Kreiselkompaß ausgefallen.[40] Als das Boot daraufhin mit Magnetkompaß weitergefahren war, hatte es eine Kursabweichung von 20 bis 30 Grad gegeben, was schließlich zu der Havarie geführt hatte. Der Auftrag des Bootes war laut Müller gewesen, britische Schiffsbewegungen in der Nordsee zu beobachten. Nachdem U-21 am 28. März 1940 gegen 9 Uhr von der norwegischen Marine entdeckt worden war, wurde das Boot freigeschleppt und nach Kristiansand gebracht. Während die eine Hälfte der Besatzung an Bord verblieb, wurde die andere Hälfte interniert und auf die Festung Kongsvinger gebracht. Keines der Besatzungsmitglieder wurde nach der Aussage des ehemaligen Maschinenobergefreiten Müller von norwegischen Offizieren verhört.

Einen Tag vor der Invasion war der deutsche Truppentransporter RIO DE JANEIRO vor Lillesand an der Südküste Norwegens von dem polnischen U-Boot ORZEL torpediert worden. Die Überlebenden berichteten, daß sie auf Bitten der norwegischen Regierung auf dem Weg nach Bergen gewesen seien, um den Norwegern gegen die Briten beizustehen.[41]

Ebenfalls am 8. April 1940 wurde aus Kopenhagen bekannt, daß deutsche Kriegsschiffverbände im Großen Belt auf dem Weg nach Norden beobachtet worden waren. Die norwegische Zeitung »Aftenposten« brachte diese Nachricht in ihrer Abendausgabe am 8. April 1940.

Unterdessen war auch die britische Seite nicht untätig geblieben. In der Nacht vom 7. auf den 8. April hatten vier Zerstörer der Royal Navy Minen in der Einfahrt zum Vestfjord gelegt, an dessen Ende Narvik liegt (»Operation Wilfred«).[42] Ziel dieser Aktion war es aber nicht, einen deutschen Landungsversuch in Narvik zu verhindern. Einen solchen Versuch konnten sich die Verantwortlichen in der britischen Admiralität nicht vorstellen.

Zwei Ju 52 am 9. April 1940 auf dem im Handstreich genommenen Flugplatz Oslo-Fornebu. Foto: Kristian Hosar

Ziel der Operation war es vielmehr, die deutschen Erzfrachter aus den norwegischen Hoheitsgewässern in internationales Fahrwasser zu zwingen, um sie dort angreifen zu können.

Alle geschilderten Ereignisse deuteten auf eine unmittelbar bevorstehende größere militärische Operation hin. In Oslo hätten sämtliche Alarmglocken läuten müssen. Statt dessen verharrten sowohl Regierung als auch Militärführung in ihrer Lethargie. Zwar wurde unter der Federführung von Außenminister Koht eine Protestnote formuliert, in der die britische Regierung aufgefordert wurde, die Minensperre so schnell wie möglich wieder zu beseitigen, aber ein Ultimatum für die Räumung der Minen stellte die norwegische Seite nicht.[43] Die beiden in Narvik liegenden norwegischen Panzerschiffe wurden angewiesen, sich einem britischen Eindringen in den Hafen von Narvik zu widersetzen. So hoffte man seitens der norwegischen Regierung, die deutsche Führung zu beschwichtigen. Oberstes politisches Ziel Kohts blieb es aber immer, auf keinen Fall in eine kriegerische Auseinandersetzung mit Großbritannien verwickelt zu werden und so möglicherweise unbeabsichtigt auf der Seite Deutschlands zu landen. Die Verantwortlichen in Regierung und Militär steckten ihre Köpfe in den Sand und hofften, daß die Anzeichen des drohenden Unheils sich als unzutreffend erweisen würden.

3.2. Der Angriff

Der Befehl zur Durchführung von »Weserübung« erging am 2. April 1940.[44] Der »Wesertag«, also der Tag des Überfalls, wurde auf den 9. April festgelegt. »Weserzeit« war 5.15 Uhr. Zu diesem Zeitpunkt sollten die Kriegsschiffgruppen ihre Zielhäfen erreichen.

Am 8. April gegen 23.30 Uhr wurde Staatsminister Nygaardsvold von Verteidigungsminister Ljungberg telefonisch aus dem Schlaf gerissen, der ihm mitteilte, unbekannte Kriegsschiffe seien in den Oslofjord eingedrungen. Aufgrund des schlechten Wetters sei es aber unmöglich festzustellen, ob es sich um britische oder deutsche Schiffe handelte. In seinen Memoiren erinnert sich Nygaardsvold an seine Replik: »Ich weiß, daß ich sagte, daß das keine Bedeutung hätte – das Land mußte verteidigt werden.«[45]

Kurz nach Mitternacht am 9. April 1940 wurde die Bevölkerung der norwegischen Hauptstadt von heulenden Sirenen geweckt. Zu den aufgeschreckten Bürgern zählte auch Außenminister Koht, der in einem der westlichen Vororte wohnte. Nach mehreren vergeblichen Versuchen gelang es ihm, telefonischen Kontakt mit seinem Ministerium herzustellen. Dort erhielt auch er die Auskunft, daß fremde Schiffe in den Oslofjord eingedrungen seien. Dabei solle es zu Gefechten gekommen sein. Koht schrieb später: »Selbstverständlich hegte ich keinen Zweifel, daß es deutsche Kriegsschiffe sein mußten.«[46]

Kurz nach 1.00 Uhr versammelten sich die alarmierten Regierungsmitglieder im Außenministerium. Dort herrschte laut Staatsminister Nygaardsvold unter den Ministern anfangs Unsicherheit über die Nationalität der Schiffe, während Halvdan Koht in seinen Memoiren feststellt: »Wir waren uns alle darüber im Klaren, daß es Deutsche waren.«[47]

Es stellt sich hier die Frage, welche Darstellung authentisch ist. Wir haben gesehen, daß es massive Anzeichen für eine deutsche Operation gegen Skandinavien gegeben hatte. Aber auch britische Kriegsschiffe hatten am 8. April Minen in norwegischen Gewässern gelegt. Wer kam nun in feindlicher Absicht? Nygaardsvold schrieb seine Aufzeichnungen schon auf der abenteuerlichen Flucht der Regierung durch Norwegen und später an Bord des britischen Kreuzers GLASGOW, der die norwegische Regierung und die königliche Familie nach Großbritannien evakuierte. Eine Veröffentlichung war ursprünglich nicht geplant. Erst im Jahre 1982 wurden die Erinnerungen Nygaardsvolds von seinem Sohn Kristian veröffentlicht.

Halvdan Koht hingegen, bis zur Übernahme des Außenministeriums im Jahre 1935 einer der bekanntesten norwegischen Historiker, war in seiner Darstellung deutlich darum bemüht, sich der Nachwelt als handelnden und informierten Politiker zu präsentieren. Aufgrund seiner auch in der Regierungspartei umstrittenen Vorkriegspolitik, die schließlich im November 1940 zu seinem Rücktritt als Außenminister der norwegischen Exilregierung in London führte, war ihm klar, daß zukünftige Historiker seine schriftlichen Erinnerungen mit großem Interesse und besonderer Sorgfalt studieren würden. Daher gehen wir davon aus, daß die Regierung in dieser Nacht bis zur endgültigen Bestätigung durch den Kommandierenden Admiral Diesen, es handele sich um deutsche Schiffe, nur spekulieren konnte.

Was war unterdessen im Oslofjord geschehen? Am späten Abend des 8. April patrouillierten die drei norwegischen Vorpostenboote FRAM, SKUDD und POL 3 vor der Einfahrt zum Oslofjord. Die Nacht war pechschwarz und diesig. Zudem zog Nebel vom Skagerrak auf das Land zu. Gegen 23 Uhr bemerkte die Brückenwache der POL 3 zwei verdunkelte Schiffe. Der Kapitän ließ einen Warnschuß abfeuern. Eines der unbekannten Schiffe stoppte. Schnell wurde der Besatzung des Vorpostenbootes klar, daß es sich um Kriegsschiffe handelte. Exakt um 23.07 Uhr sendete der Funker der POL 3 die Meldung »Fremde Kriegsschiffe drängen vorbei« an die Marinebasis in Horten im Oslofjord.[48] Auf deutscher Seite erhielt das Torpedoboot ALBATROS den Befehl, das norwegische Boot auszuschalten. Nach kurzem Artilleriegefecht und einem vergeblichen Rammversuch ergab sich die Besatzung der POL 3. Bei dem Gefecht waren der Kapitän und einige Besatzungsmitglieder gefallen – die ersten norwegischen Kriegstoten.

Die Besatzungen der Küstenforts am äußeren Oslofjord waren durch das Artilleriegefecht alarmiert worden, griffen aber die eindringenden deutsche Schiffe nicht an. Lediglich zwei Warnschüsse wurden abgegeben. Die Passivität der kommandierenden Festungsoffiziere wurde nach dem Krieg Gegenstand einer Untersuchungskommission. Bei der Anhörung der verantwortlichen Offiziere wurden unter anderem katastrophale Mängel bei der Ausrüstung bekannt. So fehlte es der Festung Måkerøy an Entfernungsmessern.[49] An Munition waren nicht mehr als rund 50 Schuß bevorratet gewesen. Aber auch schon fast an Defätismus grenzende Entschuldigungen wurden bei der Anhörung für die Passivität angeführt. So wollte man durch das Nichteingreifen die Lage der Forts nicht verraten – ein schwacher Einwand, nachdem zwei Warnschüsse abgegeben worden waren.

Nachdem alle Regierungsmitglieder gegen 2 Uhr morgens im Außenministerium eingetroffen waren, wurde endlich eine Teilmobilmachung beschlossen. Bei dieser Mobilmachungsart war aber die sogenannte stille Mobilmachung, also die Einberufung der Soldaten durch Brief, die vorgesehene Prozedur. Der Oberbefehlshaber des Heeres, General Laake, wies die Politiker nicht auf die Sinnlosigkeit einer solchen Mobilmachung hin. Er nahm lediglich den Befehl entgegen und ging davon aus, daß der Regierung die Feinheiten der Mobilmachungsordnung bekannt waren. Dieses Mißverständnis zwischen Heeresführung und Regierung hat nicht unerheblich zu dem anschließenden Chaos beigetragen.

Unterdessen näherte sich die Kriegsschiffgruppe 5 mit der BLÜCHER an der Spitze der Festung Oscarsborg im inneren Oslofjord. Oberst Erichsen, Kommandant auf Oscarsborg, war schon kurz nach dem Gefecht im äußeren Fjord alarmiert worden. Über die Nationalität der Schiffe war er sich aber immer noch nicht im klaren. Als sich das für ihn unbekannte Führungsschiff bis auf 1.800 Meter der Festung genährt hatte, gab er um 4.21 Uhr norwegischer Zeit Feuerbefehl. Schon die ersten Schüsse waren Volltreffer. Dann fielen die Kanonen von Drøbak ein. Die schwere und leichte Flak der BLÜCHER erhielt sofort Feuererlaubnis. Die gut getarnten norwegischen Geschützstellungen waren aber nicht zu entdecken. So blieb es bei mehr oder weniger hilflosen Abwehrversuchen von BLÜCHER. Schon nach kurzer Zeit trieb der Kreuzer als brennendes Wrack durch den Oslofjord. Gegen 7.30 Uhr kenterte er und riß 572 Mann seiner Besatzung sowie viele der 800 eingeschifften Heeressoldaten mit in die Tiefe.

Der Einmarsch deutscher Truppen in Oslo am 10. oder 11. April 1940.
Foto: Gudbrandsdal Krigsminnesamling

Auch LÜTZOW hatte mehrere Treffer erhalten, konnte sich aber dem tödlichen Festungsfeuer entziehen.

Fast gleichzeitig mit dem Beginn des Untergangs der BLÜCHER erschien der deutsche Gesandte in Norwegen, Dr. Curt Bräuer, im Außenministerium, um ein Memorandum der Reichsregierung samt zugehörigem Maßnahmenkatalog zu überreichen. Der Gesandte war erst am Abend des 8. April vom Ia der Gruppe XXI, Oberstleutnant Pohlmann, der am 7. April mit dem Zug aus Berlin nach Oslo gekommen war, über die unmittelbar bevorstehenden Landung informiert worden. Bevor Bräuer das Memorandum an den norwegischen Außenminister überreichte, referierte er kurz dessen Inhalt. Der wichtigste Punkt war: »Die Reichsregierung hat [...] mit dem heutigen Tage bestimmte Operationen eingeleitet, die zur Besetzung strategisch wichtiger Punkte auf norwegischem Staatsgebiet führen werden. Die Reichsregierung übernimmt damit während des Krieges den Schutz des Königreiches Norwegen.«[50]

Die wichtigste Maßnahme zur Erreichung dieses Ziels war im Punkt 1 zu den Erläuterungen des Memorandums niedergelegt. Hier wurde von der norwegischen Regierung gefordert: »1. Aufruf der Regierung an Volk und Wehrmacht, jeden Widerstand gegen die deutschen Truppen bei der Besetzung des Landes zu unterlassen.«[51]

Außenminister Koht legte das Memorandum seinen Kabinettskollegen vor, während der Gesandte Bräuer auf eine Antwort wartete. Um 5.30 Uhr unterrichtete Außenminister Koht den deutschen Gesandten davon, daß die norwegische Regierung nicht gewillt sei, dem deutschen Ansinnen nachzukommen. Darauf verbeugte sich der Diplomat und verließ unverrichteter Dinge das Außenministerium. In seinen Memoiren konstatierte Halvdan Koht später: »Norwegen war im Krieg.«[52] Hier irrte der Außenminister. Weder von deutscher noch von norwegischer Seite war zu diesem Zeitpunkt eine formelle Kriegserklärung ausgesprochen worden.

Unterdessen warteten die Mitarbeiter der Abwehraußenstelle Norwegen und der Gesandtschaft vergeblich auf das Eintreffen der deutschen Kriegsschiffe in Oslo. Schon kurz nach Mitternacht war Kanonendonner zu ver-

Generalmajor Hvinden Haug, Kommandeur der 2. norwegischen Division leitete die Verteidigung in Ostnorwegen.

Foto: Dirk Levsen

Drei deutsche schwere Panzer werden in Oslo entladen. Insgesamt waren 1933 bei der Firma Rheinmetall fünf dieser Panzer unter der Bezeichnung »Neubaufahrzeug« gebaut worden. Sie hatten nur einen geringen Gefechtswert. Zwei der drei hier abgebildeten gingen bei den Kämpfen in Norwegen verloren.

Foto: Gudbrandsdal Krigsminnesamling

nehmen gewesen, und am frühen Morgen war eine Rauchwolke über dem südlichen Oslofjord entdeckt worden. Genaue Informationen über die Kämpfe gab es aber nicht.

Dem Kommandeur der 2. norwegischen Division und Ortskommandant von Oslo, Generalmajor Hvinden Haug, standen am 9. April 1940 in und um die Hauptstadt nur wenige Einheiten zur Verfügung. Die größte war das 2. Bataillon des Infanterieregiments Nr. 5, das als Neutralitätswacht auf dem Übungsplatz Trandum 50 km nördlich von Oslo stationiert war. Weiter konnte Haug die Offiziersschüler der 2. Division sowie die königliche Garde einsetzen. Die Garde war als Bataillon mit vier Kompanien organisiert, von denen am 9. April allerdings nur 2 Kompanien einsatzbereit waren. Die 1. Gardekompanie befand sich zur Rekrutenausbildung auf dem Übungsplatz Terningmoen bei Elverum, rund 130 Kilometer nordöstlich von Oslo. Die Hälfte der 4. Kompanie war zum Wachdienst im Schloß abkommandiert oder krank gemeldet.

Der General verließ die Festung Akershus gegen 10.30 Uhr und schlug sein Hauptquartier in einem Studentenwohnheim oberhalb von Oslo auf.

Zu diesem Zeitpunkt war der Flugplatz Oslo-Fornebu schon in deutscher Hand. Allerdings war das deutsche Landeunternehmen nicht wie geplant verlaufen. Ursprünglich sollten am frühen Morgen des 9. April zwei Fallschirmjägerkompanien landen und die Ankunft von zwei Bataillonen des Infanterieregiments 324 vorbereiten. Wegen plötzlich auftretendem Nebel kehrte die 1. Lufttransportstaffel jedoch um. Lediglich die Kampfgruppe z.b.V. 103 flog weiter und landete in Fornebu. Der wichtigste Flugplatz des Landes wurde schließlich von 21 Fallschirmjägern und 50 Infanteristen genommen. Die deutschen Soldaten verfügten über schlechte Ortskenntnisse und nur leichte Infanteriewaffen. Durch entschlossenes Handeln Haugs hätte diese kleine Truppe möglicherweise geworfen werden können.

Am Nachmittag des 9. April machte sich der General auf den Weg zum Mobilisierungsplatz Gardermoen, 70 Kilometer nördlich von Oslo, wo das Gros der 2. Division mobilisiert werden sollte. Bevor er die Hauptstadt

König Håkon VII. (1872–1957), der 1905 nach der Auflösung der Union mit Schweden als dänischer Prinz zum norwegischen König gewählt worden war, mußte Anfang Juni 1940 aus seinem Land fliehen.

Foto: Dirk Levsen

verließ, ernannte er noch den pensionierten Oberst Krag Schnitler zum neuen Ortskommandanten von Oslo.

König Håkon VII., Regierung und Storting hatten schon am Morgen des 9. April Oslo mit einem Sonderzug in Richtung Hamar verlassen. Daß diese Flucht gelang, war hauptsächlich auf den Untergang der BLÜCHER zurückzuführen. So fehlten dem deutschen Gesandten in Oslo militärische Druckmittel, um das deutsche Ultimatum durchzusetzen. Wäre die Besetzung der norwegischen Hauptstadt einschließlich ihres Flugplatzes Fornebu nach Plan verlaufen, dann wäre das politische und damit auch das militärische Schicksal Norwegens möglicherweise schon am ersten Angriffstag besiegelt worden.

Erst im Laufe des 9. April kamen die ersten Überlebenden der BLÜCHER, teilweise auf abenteuerliche Weise, nach Oslo. Am selben Tag waren neben anderen Einheiten auch zwei Kompanien des I./Fallschirmjägerregiment 1 unter dem Kommando von Hauptmann Erich Walther in Fornebu gelandet. Die Fallschirmjäger marschierten zum deutschen Gesandtschaftsgebäude am Drammensveien, ohne unterwegs auf norwegischen Widerstand zu stoßen. Norwegische Kompanien, darunter auch Gardeeinheiten, die den Weg vom Flugplatz in die Stadt sperren sollten, zogen sich bei Erscheinen der Deutschen unverzüglich zurück.[53]

4. Norwegische politische und militärische Entscheidungen

Durch die Versenkung der BLÜCHER vor der Festung Oscarsborg im Oslofjord war der gesamte Plan zur Besetzung der norwegischen Hauptstadt hinfällig geworden.

Jetzt ergriff Stortingspräsident Carl Joakim Hambro die Initiative und ließ jenen Sonderzug im Osloer Ostbahnhof einsetzen, der König, Regierung und Parlament nach Norden in Richtung Hamar bringen sollte. Bevor der Zug den Bahnhof verließ, gab Außenminister Koht noch ein Radiointerview, in dem er die aktuelle Situation erklärte und bekanntgab, die Mobilmachung sei befohlen. Dieses Interview wurde im Laufe des 9. April jede halbe Stunde über den Sender Oslo ausgestrahlt.

Nur wenige Kilometer nordöstlich der Hauptstadt mußte der Sonderzug stoppen, als deutsche Bomber den Flugplatz Kjeller angriffen. Die weitere Fahrt nach Hamar verlief ohne Zwischenfälle. Doch währte der Aufenthalt in dieser Stadt nur kurz, als nämlich bekannt wurde, daß sich deutsche Fallschirmjäger auf dem Weg nach Norden befanden, um König, Regierung und Storting gefangen zu nehmen. Weiter ging die Flucht, diesmal nach Elverum, 30 km östlich von Hamar. Sowohl in Hamar als auch in Elverum wurden unter Hambros Leitung improvisierte Parlamentssitzungen abgehalten. Als die Regierung unter der Führung von Staatsminister Nygaardsvold ihr Rücktrittsgesuch einreichte, war es Hambro, der eine Regierungskrise verhinderte. Auf seinen Vorschlag hin wurde eine nationale Sammlungsregierung gebildet, in die Minister aller großen bürgerlichen Parteien eintraten. Am Abend des 9. April wurde eine Erklärung verabschiedet, die als »Vollmacht von Elverum« (norwegisch: Elverumsfullmakt) in die norwegische Geschichte eingegangen ist. Diese Generalvollmacht beauftragte die Regierung, die Interessen des Landes wahrzunehmen und notwendige Entscheidungen zu treffen, so lange sich das Parlament nicht auf die in der Verfassung vorgesehene Weise versammeln konnte.

Über diese Vollmacht ist von den in Elverum versammelten Parlamentariern niemals formell abgestimmt worden.[54] Diese Tatsache ist nach dem Krieg Gegenstand heftiger Kontroversen in Norwegen gewesen, denn die Vollmacht von Elverum bildete später die wesentliche juristische Grundlage für die norwegische Exilregierung in Großbritannien.

Die in Hamar und Elverum versammelten Parlamentsmitglieder mußten zudem darüber entscheiden, ob die Ablehnung des deutschen Ulti-

Vidkun Quisling (1887–1945), der Führer der norwegischen Nationalsozialisten, versuchte am Invasionstag durch einen Putsch die Macht an sich zu reißen, vergeblich. Nach dem Krieg wurde er hingerichtet.
Foto: Dirk Levsen

matums durch die Regierung aufrecht erhalten werden sollte, oder ob mit den Invasoren verhandelt werden sollte. Sowohl Staatsminister Nygaardsvold als auch Außenminister Koht sprachen sich für weitere Verhandlungen aus, die von einer Delegation unter der Führung des Außenministers in Oslo geführt werden sollten. Stortingspräsident Hambro und mehrere Regierungsmitglieder sprachen sich dagegen strikt gegen weitere Verhandlungen mit den Deutschen aus.

Unterdessen veränderte sich die politische Situation im Lande schlagartig, als sich Vidkun Quisling am 9. April gegen 19.30 Uhr in einer Radioansprache über den Sender Oslo zum neuen Regierungschef an der Spitze einer nationalsozialistischen Regierung ausrief. Weiter verkündete er, die Regierung Nygaardsvold sei zurückgetreten. Dieser Staatsstreich kam sowohl für die norwegische Bevölkerung als auch für die bereits in Oslo befindlichen Deutschen überraschend. Der Gesandte Bräuer hatte keinerlei Instruktionen aus Berlin bekommen, eine Regierung des Nationalsozialisten Quisling zu unterstützen. Auch deutet nichts darauf hin, daß Hitler von Anfang an auf Quisling als Regierungschef in Norwegen unter deutscher Herrschaft gesetzt hat. Vermutlich schwebte Hitler auch für Norwegen eine dänische Lösung vor, daß nämlich vorerst die legal gewählte norwegische Regierung unter deutscher Herrschaft ihre Arbeit fortsetzen würde. Dazu kam es allerdings nicht.

Für den überwiegenden Teil der norwegischen Bevölkerung sowie für König, Regierung und Storting war ein Staatsminister Quisling schlechterdings indiskutabel. Vidkun Quisling war Chef der norwegischen nationalsozialistischen Partei »Nasjonal Samling«. Diese Partei war am 17. Mai 1933 gegründet worden. Bei den Stortingswahlen im gleichen Jahr erhielt die Partei gerade 2,2 Prozent der Wählerstimmen. Vier Jahre später waren es 1,8 Prozent. In der Vorkriegszeit hatte diese Partei also nie eine bedeutende Rolle in der norwegischen Politik gespielt.

Auch der deutsche Gesandte Bräuer sah durch den einsamen Staatsstreich Quislings die Chancen für eine Verhandlungslösung schwinden. Bräuer mußte außerdem bei Verhandlungen mit der Regierung am 10. April in Elverum noch weitergehende deutsche Forderungen als am Vortag vertreten. Auf direkte Weisung Hitlers forderte er jetzt die offizielle Ernennung Quislings zum norwegischen Staatsminister. Schließlich entschied König Håkon VII. die Situation, als er sich strikt weigerte, Quisling zum neuen Regierungschef zu ernennen. Sollten die Regierung Nygaardsvold sowie das Storting eine andere Meinung vertreten, so drohte der König mit seiner unmittelbaren Abdankung. Damit war eine Verhandlungslösung endgültig gescheitert. König, Regierung und Parlamentsmitgliedern blieb jetzt nichts anderes als die Flucht vor den Deutschen. Nach dem Abbruch aller Verhandlungen waren die Zufluchtsorte von König, Regierung und Stortingsabgeordneten schweren Bombenangriffen durch die deutsche Luftwaffe ausgesetzt. Die Kleinstadt Elverum wurde dabei in Schutt und Asche gelegt, wobei 41 Norweger ihr Leben verloren. In einer wochenlangen, abenteuerlichen Flucht durch Südnorwegen gelang es den norwegischen Verfassungsorganen, sich dem Zugriff durch die Okkupanten zu entziehen. Über die westnorwegische Hafenstadt Molde gelangte schließlich das gesamte Gefolge per Schiff nach Nordnorwegen, von wo aus am 6. Juni 1940 die Flucht nach Großbritannien angetreten werden konnte. Auch der Goldschatz der norwegischen Staatsbank konnte vor den Deutschen in Sicherheit gebracht werden. Am 9. April 1940 wurden 3.000 Goldbarren mit einem Gesamtgewicht von 49 Tonnen auf 25 Lastwagen zuerst nach Lillehammer transportiert. Von dort aus wurde das Gold in Eisenbahnwaggons in die westnorwegische Hafenstadt Åndalsnes verfrachtet, um schließlich auf britischen Kriegsschiffen nach Großbritannien zu gelangen.

Durch seinen für alle Seiten überraschenden Staatsstreich hatte Vidkun Quisling seinem Land einen Dienst erwiesen, allerdings in einer von ihm

Links König Håkon VII. (1872–1957). In der Mitte Oberst Otto Ruge (1882–1961), der nach dem Überfall zum norwegischen Oberkommandierenden ernannt wurde. Rechts Kronprinz Olav (1903–1991), der spätere König Olav V. Das Bild wurde vor dem Krieg aufgenommen.
Foto: Forsvarsmuseet

so nicht beabsichtigten Weise. Erst nachdem er sich über den Radiosender Oslo am Abend des 9. April 1940 zum neuen Staatsminister ausgerufen hatte, einigte sich nämlich die Regierung darauf, den Angreifern Widerstand zu leisten und weitere deutsche Verhandlungsangebote abzulehnen. Es stellt sich hier die Frage, wieso Quisling überhaupt in der Lage war, den Staatsstreich durchzuführen. Warum war der Radiosender in Oslo nicht zerstört worden, der natürlich auch den Okkupanten wertvolle Dienste leisten konnte? Beantworten läßt sich diese Frage bis heute nicht. Vermutlich hat niemand in dem Chaos am 9. April 1940 überhaupt diese Möglichkeit erwogen.

Im Gegensatz zur Regierung, die nach anfänglichem Zögern entschlossen gegenüber den Angreifern auftrat, versagte die militärische Führung fast vollständig. Im Oberkommando bewies lediglich Generalstabschef Oberst Hatledal Initiative, als er bereit war, den Kampf aufzunehmen. Der Oberkommandierende des norwegischen Heeres, General Laake, traf am Nachmittag des 10. April bei Elverum ein. Bei einer Besprechung mit Regierungsvertretern empfahl er, mit den Deutschen zu verhandeln oder zu kapitulieren. Er war sich an diesem Tag nicht einmal sicher, wer nun eigentlich Staatsminister im Lande war, Nygaardsvold oder Quisling. Noch am 10. April wurde der General seines Postens enthoben, offiziell wegen Erreichens der Altersgrenze, in Wirklichkeit wegen seiner unentschlossenen Haltung. Zu seinem Nachfolger wurde der Generalinspekteur der Infanterie, Oberst Ruge, ernannt. Dieser rechnete mit schneller und effektiver britischer Hilfe gegen die deutschen Invasoren. Seine Strategie lief darauf hinaus, eine Ausweitung der deutschen Brückenköpfe in Südnorwegen so lange wie irgend möglich zu verhindern oder doch zu verzögern, um im Landesinneren die Mobilmachung und Verteidigung zu organisieren und hinhaltenden Widerstand zu leisten. Weiter ging er davon aus, daß die britische Regierung alles daran setzen würde, die in Narvik gelandeten deutschen Truppen so schnell wie möglich zu vernichten. Schließlich sollte in einer gemeinsamen norwegisch-alliierten »Operation Sickle« Trondheim zurückerobert werden. Auf diese Weise sollte eine sichere Ausgangslage für die weitere Kriegführung in Norwegen geschaffen werden, um letztlich die deutschen Invasionsstreitkräfte aus dem Land zu drängen.

Nach dem Führungswechsel an der Spitze des norwegischen Heeres wurde das Hauptquartier in der Nacht zum 12. April nach Øyer im südlichen Gudbrandsdal verlegt. Von hier aus sandte der zum General beförderte Ruge ein Telegramm an die britische Regierung: »Wir haben diesen Krieg in dem Glauben begonnen, daß die britische Regierung schnell handeln wird. Wir wurden überrascht, bevor wir Zeit hatten, unsere Truppen zu mobilisieren und haben jetzt alle unsere Flugzeuge, Vorräte und Depots verloren. [...] Wir müssen sofort und augenblicklich militärischen Beistand haben.«[55] Doch der erhoffte Beistand ließ auf sich warten. Als er schließlich doch noch kam, erwies er sich als wenig hilfreich.

Unterdessen streckte das norwegische Oberste Gericht (norwegisch: Høyesterett) Fühler aus, um mit den Invasoren über einen Administrationsrat als oberstes norwegisches Verwaltungsorgan in den besetzten Gebieten zu verhandeln. Der Gesandte Bräuer ergriff sofort diese Chance, erhoffte er sich doch, auf diese Weise Quisling wieder los zu werden und diesen Rat als eine Art norwegische Regierung in Berlin präsentieren zu können. Quisling verlor sehr schnell seinen Rückhalt in Berlin und trat am 15. April zurück. Als sich daraufhin der Administrationsrat konstituierte, wurde von norwegischer Seite ausdrücklich betont, daß es sich hier um ein reines Verwaltungsorgan und nicht um eine Regierung handele. Hitler tobte und fühlte sich getäuscht. Bräuer wurde umgehend nach Berlin zurückbeordert, seines Postens enthoben und direkt an die Front geschickt. Am 24. April ernannte Hitler den Gauleiter von Essen und Ober-

Josef Terboven (1898–1945) wurde am 24. April 1940 von Hitler zum »Reichskommissar für die besetzten norwegischen Gebiete« ernannt. Kurz vor der deutschen Kapitulation im Mai 1945 nahm er sich das Leben.

Foto: Dirk Levsen

präsidenten der Rheinprovinz, Josef Terboven, zum »Reichskommissar für die besetzten norwegischen Gebiete«. Terboven war Hitler direkt unterstellt und avancierte während der fünfjährigen Besatzungszeit zum mächtigsten Mann Norwegens.

5. Der Vorstoß auf Midtskogen

In der deutschen Gesandtschaft war es laut des Augen- und Ohrenzeugen Erich Pruck Bräuer selbst, der den Plan anregte, Fallschirmjäger einzusetzen, um König, Regierung und Parlament gefangenzusetzen. Hier soll sich auch der Luftwaffenattaché Hauptmann Spiller mit folgenden Worten den Fallschirmjägern angeschlossen haben: »Ich kenne den König gut. Er war immer nett zu mir. Vielleicht gelingt es mir, ihn zur Rückkehr zu bewegen.«[56] Der norwegische Historiker Lars Borgersrud sieht hinter dem »Spiller-raid«, wie er das Unternehmen bezeichnet, einen wohldurchdachten deutschen Plan. Danach hätte es die strenge Disziplin in der Wehrmacht schwierig für Spiller gemacht, diesen Vorstoß auf eigene Faust durchzuführen. Allerdings bekräftigte General von Falkenhorst nach dem Krieg in einem Verhör den improvisierten Charakter des ganzen Unternehmens, als er aussagte: »Spiller hat sich hier selbständig gemacht. Er war durch den Gesandten Bräuer über alles in Kenntnis gesetzt worden. Er hat sich daher früh in Bereitschaft gehalten und ist unterwegs gewesen. Wo er Soldaten traf, hat er sich entsprechend der weiteren Entwicklung der Lage selbständig gemacht und eine kleine Abteilung gebildet. Mit dieser ist er dann in Richtung Elverum vorgestoßen. Das war absolut ein Privatkrieg von Spiller. Ich wußte nichts davon. Es war in keiner Weise vorgesehen. Er glaubte wahrscheinlich, damit eine gute Tat zu begehen.«[57] Diese Aussage Falkenhorsts klingt plausibel. In Oslo war es allerdings nach eigener Aussage Oberstleutnant Pohlmann gewesen, der Hauptmann Walther den Befehl erteilt hatte, zur Fernaufklärung mit seinen Fallschirmjägern in den Mobilmachungsraum der 2. norwegischen Division vorzustoßen.[58] Oberstleutnant Pohlmann konnte noch berichten, daß sich der König in Elverum aufhalten solle. Je nach Lage sei es wünschenswert, ihn und die Regierung nach Oslo zurückzubringen. Nach den Worten von Pohlmann hat sich Hauptmann Spiller freiwillig als Landeskundiger diesem Vorstoß angeschlossen. Auf deutscher Seite hatte man damit gerechnet, der Regierung und des Königs noch in Oslo habhaft zu werden. Das Oberkommando der Wehrmacht hatte am 2. April 1940 den Befehl erlassen, den dänischen und norwegischen König am Verlassen ihrer Schlösser zu hindern.[59] Laut Befehl des OKW sollte auf jeden Fall verhindert werden, daß die beiden Staatsoberhäupter außer Landes gelangten. Was in Kopenhagen gelang, mißlang in Oslo. Durch den Untergang der BLÜCHER war der detaillierte

Unter der Führung des deutschen Luftwaffenattachés Hauptmann Spiller versuchten Fallschirmjäger in der Nacht vom 9. auf den 10. April 1940 den norwegischen König und die Regierung gefangen zu nehmen. Der Versuch mißlang. Heute erinnert ein Gedenkstein an das Gefecht bei Midtskogen. Der Text auf dem Stein lautet: »Midtskogen 9. April 1940. Hier stoppten norwegische Streitkräfte den Versuch des Feindes, König, Kronprinz, Storting und Regierung gefangenzunehmen.«

Foto: Dirk Levsen

Plan zur Besetzung der norwegischen Hauptstadt hinfällig geworden. Hätte allerdings auf deutscher Seite wirklich der Plan bestanden, den König und die Regierung im Falle ihrer Flucht aus der Hauptstadt zu verfolgen und gefangenzusetzen, dann wäre vor dem 9. April vermutlich eine Spezialeinheit intensiv auf diese Aufgabe vorbereitet worden. Führer und Unterführer dieser Einheit hätten eine Einführung in die norwegische Geographie und Sprache erhalten müssen; das war aber nicht erfolgt.

Tatsache ist, daß sich die 2./Fallschirmjägerregiment 1 unter dem Kommando von Hauptmann Walther am späten Nachmittag des 9. April in einigen requirierten Bussen, Last- und Personenwagen auf den Weg nach Norden machte. Über den Abmarsch berichtete einer der beteiligten Soldaten: »Der Batl.Kdr. Hauptmann Walther und unsere Offiziere erschienen gegen 17.00 Uhr mit einem Hauptmann, der eine normale Dienstuniform mit Ledermantel trug und lediglich eine Shell-Autostraßenkarte bei sich führte. Es war der Luftwaffenattaché Spiller.«[60] Bewaffnet waren die Fallschirmjäger mit einem Dutzend Maschinengewehren, Maschinenpistolen, Handgranaten und einigen leichten Granatwerfern. In Oslo selbst und den Außenbezirken der Stadt traf die Truppe überhaupt keinen Widerstand, denn schon am frühen Nachmittag des 9. April hatten alle noch in der Stadt verbliebenen norwegischen Einheiten unter dem Ortskommandanten Oberst Schnitler die Waffen gestreckt.

Auf dem Weg nach Hamar wurden mehrere völlig überraschte norwegische Einheiten überrumpelt und entwaffnet. Lediglich ein Generalstabsoffizier, Hauptmann Øi, der in einem Taxi auf dem Weg nach Oslo war, stellte sich der deutschen Truppe in den Weg und wurde erschossen. Allerdings wurde das deutsche Vordringen trotz der völlig unübersichtlichen Lage in Ostnorwegen beobachtet und der jeweilige Standort der Truppe nach Hamar gemeldet. Bei der Ortschaft Kløfta passierten die Fallschirmjäger den Kommandeur der 2. norwegischen Division, Generalmajor Hvinden Haug, der sich mit seinem Stab auf dem Weg zum Exerzier- und

Hauptmann Erich Walther, zuletzt Divisionskommandeur und Träger des Eichenlaubs mit Schwertern zum Ritterkreuz des Eisernen Kreuzes, unternahm zusammen mit dem deutschen Luftwaffenattaché in Norwegen, Hauptmann Spiller, am 9./10. April 1940 einen Vorstoß, um König und Regierung in der Kleinstadt Elverum gefangen zu setzen.

Foto: Ernst Mößinger

Die ostnorwegische Kleinstadt Elverum wurde am 11. April 1940 bei einem Bombenangriff vollständig zerstört, nachdem sich König, Parlament und Regierung, die hierher geflüchtet waren, geweigert hatten, die Besetzung Norwegens anzuerkennen. Bei dem Angriff verloren 41 Menschen ihr Leben. Foto: Dirk Levsen

Mobilisierungsplatz Gardermoen, 50 km nördlich der Hauptstadt, befand. Der General ist nach dem Krieg von der militärischen Untersuchungskommission kritisiert worden, weil er nicht unverzüglich Maßnahmen ergriff, um den deutschen Trupp zu stoppen. Zu seiner Verteidigung führte Haug unter anderem an, daß er die schwerbewaffneten deutschen Soldaten für den Begleitschutz deutscher Unterhändler gehalten hätte, die auf dem Weg nach Hamar waren, um weitere Verhandlungen mit dem König und Regierung zu führen.[61] Er hingegen habe beabsichtigt, in Gardermoen die Mobilmachung seiner Division so geordnet wie möglich durchzuführen, um anschließend eine geschlossene Frontlinie aufzubauen.

Unterdessen wurde die Lage für die Staatsführung in Hamar brenzlig. Es wurde beschlossen, in die 30 Kilometer weiter östlich gelegene Kleinstadt Elverum auszuweichen. Auf dem dortigen Exerzierplatz Terningmoen wurde in aller Eile eine Truppe von rund 90 Mann zusammengestellt, die die Einfallstraße nach Elverum verteidigen sollte. Unter den Männern waren neben regulären Soldaten und Rekruten auch Zivilisten, nämlich Mitglieder des örtlichen Schützenvereins.[62] Dieser zusammengewürfelte

Trupp marschierte von Terningmoen einige Kilometer nach Westen zum Gehöft Midtskogen, um dort die Straße zu sperren.

Unterdessen hatten die deutschen Fallschirmjäger Hamar erreicht und erfuhren hier, daß sich König und Regierung in Richtung Elverum abgesetzt hatten. In Hamar bieben einige Soldaten zur Besetzung der Telefon- und Telegrafenstation zurück. Der Rest fuhr weiter in Richtung Elverum. Gegen 1.30 Uhr in der Nacht vom 9. April auf den 10. April näherten sich die Fallschirmjäger der Straßensperre. Nach der norwegischen Feuereröffnung entspann sich ein rund einstündiges Feuergefecht, in dessen Verlauf Hauptmann Spiller lebensgefährlich verwundet wurde. Ins Krankenhaus nach Hamar transportiert, erlag er dort in den frühen Morgenstunden des 10. April seiner schweren Schußverletzung.

Hauptmann Walther war nach dem Ausfall von Spiller völlig auf sich gestellt.[63] Ohne Sprach- und Ortskenntnisse, ohne genaue Kenntnis der Pläne Spillers und ohne konkreten Befehl sah er keine andere Möglichkeit, als unverzüglich mit seiner Truppe nach Oslo zurückzukehren.

Was Spiller genau beabsichtigt hatte, wurde für die Norweger erst deutlich, als Oberarzt Frostad im Krankenhaus von Hamar in einer Uniformtasche Spillers einen Zettel mit den Namen König Håkons, des Stortingspräsidenten Hambros und des Außenministers Koht fand. Interessanterweise fehlte auf diesem Zettel der Namen des Staatsministers Johan Nygaardsvold. Die drei namentlich Genannten waren wohl bei der kurzfristigen Planung des Unternehmens in der Gesandtschaft als Schlüsselpersonen der norwegischen Politik erkannt worden, derer man unbedingt habhaft werden mußte. Vermutlich wird sich Hauptmann Spiller die Namen nach Absprache mit dem Gesandten Bräuer notiert haben. Dieser wußte genau über Bedeutung und Einfluß der Genannten Bescheid. So war es Außenminister Koht gewesen, der in den frühen Morgenstunden des 9. April im Außenministerium das deutsche Ultimatum von Bräuer entgegengenommen und nach kurzer Beratung mit seinen Kabinettskollegen zurückgewiesen hatte.

Hauptmann Spiller war der einzige Tote auf beiden Seiten bei Midtskogen. Ansonsten hatte es sowohl auf deutscher als auch auf norwegischer Seite lediglich einige Leichtverwundete gegeben. In norwegischen Darstellungen ist oft von vielen deutschen Gefallenen die Rede. Nach Angaben der Deutschen Dienststelle in Berlin (der früheren Wehrmachtauskunftstelle) sind jedoch keine deutschen Gefallenen bei Midtskogen bekannt.[64]

Aus militärischer Sicht war das Gefecht völlig bedeutungslos. Zu Recht weist der norwegische Historiker Lars Borgersrud in seiner Untersuchung auf die Tatsache hin, daß es keine militärische Niederlage war, die die deutschen Fallschirmjäger zum Rückzug bewog, sondern die Unwissenheit des Hauptmanns Walther über die weiteren Pläne.[65]

Zu diesem Kommandounternehmen heißt es in den deutschen Lageberichten« am 9. April abends: »2 Fallschirm.-Komp. sind auf Kraftfahrzeugen im Marsch auf Koppang (90 km nördlich von Hamar).«[66] Allerdings wurde in dieser Meldung nichts über den Auftrag der Truppe gesagt, was auch darauf hindeutet, daß das Unternehmen ein Alleingang von Hauptmann Spiller gewesen ist. Auch waren nicht zwei, sondern nur eine Kompanie auf dem Weg nach Norden. Einen Tag später, also schon nach der Rückkehr der Truppe in die norwegische Hauptstadt, waren die Angaben in den Lageberichten schon präziser, auch wenn wieder Informationen über den Auftrag fehlten. »In der Nacht vom 9. auf den 10. April kühner Handstreich von 2 Fallschirm-Komp. Auf behelfsmässigen Kraftfahrzeugen über Hamar nach Elverum. Trotz starker Überlegenheit mehrere Btlne. entwaffnet. Beute: 500 Gewehre, 4 Geschütze, 80 Offiziere gefangen.«[67] So bedeutungslos das Gefecht bei Midtskogen selbst gewesen sein mochte: Den wenigen Fallschirmjägern war es mit ihrem Vorstoß gelungen, die Mobilmachung und den Aufmarsch der 2. norwegischen Division empfindlich zu stören.

Die Tatsache, daß eine feindliche Einheit bis zu 150 km tief ins Landesinnere vorstoßen konnte, ohne auf nennenswerten Widerstand zu treffen, rief bei vielen Norwegern Unmut über den mangelnden Einsatzwillen der eigenen Streitkräfte hervor. Insbesondere viele der höheren Offiziere versagten, als sie sich dem Ernstfall gegenübersahen. Als Beispiel sei hier wiederum der Kommandeur der 2. norwegischen Division, Generalmajor Hvinden Haug, genannt, dem es auch nicht gelang, den Rückmarsch der deutschen Fallschirmjäger nach Oslo nachhaltig zu behindern oder gar aufzuhalten.

Auf norwegischer Seite steht der Einsatz bei Midtskogen nach der Versenkung der BLÜCHER im Oslofjord für den ersten konkreten militärischen Widerstand des Heeres gegen den Angreifer. Allerdings war es keine reguläre Einheit, die sich den Fallschirmjägern in den Weg stellte, sondern ein kurzfristig zusammengestellter Trupp aus einigen wenigen Offizieren, jungen Rekruten und Zivilisten.

Die norwegische Presse berichtete schon am 10. April von den Kämpfen bei Midtskogen. In der in Lillehammer erscheinenden Zeitung »Gudbrandsdølen« war beispielsweise zu lesen: »und es gibt Gerüchte, daß gerade eine Schlacht zwischen norwegischen und deutschen Truppen bei Midtskogen stattfindet.«[68] Am nächsten Tag meinte die Zeitung schon unter der Überschrift »Der norwegische Sieg in dem Gefecht bei Midtskogen« vermelden zu können, daß dort 200 Deutsche gefallen seien.[69]

Allerdings schränkte der Artikel zugleich selbst ein, die Zahl sei möglicherweise übertrieben, sollten nach anderen Angaben doch nur insgesamt 200 deutsche Soldaten an dem Gefecht beteiligt gewesen sein.

Natürlich wurden und werden in jedem Krieg überhöhte, teils sogar völlig aus der Luft gegriffene Meldungen über die Verluste der gegnerischen Seite lanciert. In diesem konkreten Fall war die Meldung durchaus verständlich, herrschte doch nach dem Überfall völliges Chaos. Es war zu diesem Zeitpunkt für viele Norweger noch nicht einmal klar, ob sich das Land überhaupt im Kriegszustand befand. Noch war von der Regierung Nygaardsvold kein eindeutiger Befehl zu einer generellen Mobilmachung erteilt worden, und Quislings Staatsstreich verwirrte die Lage zusätzlich.

6. Der Fallschirmjägerangriff auf Dombås

Am 14. April 1940 erhielt die 1. Kompanie des Fallschirmjägerregiments 1 in Oslo den Befehl, den strategisch wichtigen Verkehrsknotenpunkt Dombås rund 350 km nördlich von Oslo zu besetzen. Hitler selbst hatte diesen Angriff befohlen, nachdem in Berlin das Gerücht kursierte, britische Truppen seien an der Küste bei Åndalsnes gelandet. Durch die Besetzung der strategisch wichtigen Ortschaft Dombås sollte ein britisch-norwegischer Angriff durch das Romsdal über das Dovrefjell zur Rückeroberung Trondheims verhindert werden.

Als am 14. April 1940 im Laufe des Vormittags der Einsatzbefehl an die 1./Fallschirmjägerregiment 1 erging, befanden sich die deutschen Spitzen noch weit südlich von Hamar, also über 200 km entfernt vom vorgesehenen Einsatzort der Fallschirmjäger.

Am 14. April 1940 herrschte in ganz Südnorwegen äußerst schlechtes Wetter. Niemand unter den deutschen Soldaten in Oslo rechnete an diesem Tag mehr mit einem Auftrag. Dann jedoch erteilte Oberst Dr. Robert Knauss, der Verbindungsoffizier der Luftwaffe bei der Gruppe XXI, seinen Einsatzbefehl: »1.) Englische Seestreitkräfte haben im Laufe des 13.4.40 bei Aandalsnes Truppen gelandet. [...] 2.) Eigene mot. Heeresteile stoßen über Lillehammer auf Dombaas vor. [...] 4.) Durchführung: I./Fallschirm Jäg.-Reg. 1 nimmt Knotenpunkt Dombaas in Besitz.«[70] Damit nahm das Verhängnis seinen Lauf. Auf einer eilig einberufenen Einsatzbesprechung wurde entschieden, eine Ju 52 zur Aufklärung in den Raum Dombås zu entsenden. Als aber dieser Flug wegen des miserablen Wetters nicht durchgeführt werden konnte, schickte General der Flieger Karl Kitzinger, der als Territorialbefehlshaber der Luftwaffe eingesetzt worden war, seinen Chef des Generalstabes, Generalmajor Wilhelm Süßmann zum Flugplatz Oslo-Fornebu, um allen Beteiligten unter Drohung eines Kriegsgerichtsverfahrens klarzumachen, daß ein Führerbefehl vorbehaltlos auszuführen sei. Darauf wurde der Start auf 17 Uhr festgelegt. Als die vier Offiziere und 181 Unteroffiziere und Mannschaften der 1. Kompanie zum vorgegebenen Zeitpunkt in den 15 Transportmaschinen saßen, lagen weder Meldungen über die Wetterlage im Raum Dombås noch Feindnachrichten vor. Kurz vor dem Start hatten die fünf Zugführer der Kompanie noch einen Blick auf die Landkarte im Maßstab 1:100.000 ihres Kompaniechefs werfen können. Das war im großen und ganzen die gesamte Vorbereitung des Unternehmens. Eigenes Kartenmaterial über Dombås hatten die Zugführer nicht. Auch die Ausrüstung der Fallschirmjäger war mangelhaft. Es war keine Winterbekleidung ausgegeben worden. Tarnmittel wie Schneehemden fehlten. Jeder Soldat hatte nur Verpflegung für drei Tage am Mann. An Munition gab es nur die Erstausstattung.

Schon der Flug in Richtung Norden entwickelte sich zu einem wagemutigen Unternehmen. Obwohl zehn der Piloten keine Blindflugausbildung besaßen, versuchten fünf Transportmaschinen Dombås eben im Blindflug in großer Höhe zu erreichen, während die übrigen zuerst im Tiefstflug den Bahnhof in Oslo anflogen, um sich dann entlang der Bahngleise nach Norden zu orientieren. Schon südlich der Stadt Hamar empfing starkes norwegisches Abwehrfeuer die deutschen Maschinen. Damit war der Überraschungseffekt verloren. In der Nähe von Lillehammer wurde eine Ju 52 mit einer Gruppe des Nachrichtenzuges an Bord abgeschossen.

Über Dombås hatten die Piloten keine Zeit, geeignete Absprungplätze zu suchen, da sie mit ihren Maschinen noch vor Einbruch der Dunkelheit wieder in Oslo-Fornebu sein mußten. Dieser Zeitdruck sowie starkes norwegisches Abwehrfeuer führten dazu, daß die Fallschirmjäger in einem Umkreis von über 30 km um Dombås herum an sechs verschiedenen Stellen abgesetzt wurden. Kein Zug der 1. Kompanie konnte vollständig sammeln. Der Rückflug der Transportmaschinen entwickelte sich zu einer Katastrophe. Lediglich sieben Maschinen erreichten wieder ihren Ausgangsort. Der Rest wurde abgeschossen oder mußte aus Treibstoffmangel an verschiedenen Orten in Südnorwegen notlanden.

Für die deutschen Fallschirmjäger erwies es sich jetzt als fatal, daß beim Start keinerlei Nachrichten über die Feindlage vorgelegen hatten. In der Ortschaft Dombås lag nämlich das 2. Bataillon des norwegischen Infanterieregiments Nr. 11, das vom norwegischen Oberkommando, zusammen mit den erwarteten britischen Einheiten, zur Wiedereroberung Trondheims eingesetzt werden sollte. Zwar verfügte diese norwegische Einheit über keinerlei Luftabwehrgeschütze, doch wurden Maschinengewehre zur Bekämpfung der anfliegenden deutschen Maschinen eingesetzt. Auch wurden auf norwegischer Seite sofort Maßnahmen ergriffen, um die gelandeten deutschen Fallschirmjäger zu bekämpfen. Unterdessen hatten diese mit enormen Strapazen zu kämpfen. Ohne brauchbares Kartenmaterial mußten sie sich durch meterhohen Schnee kämpfen, in der Hoffnung, auf andere gelandete Kameraden zu treffen.

Am Mittag des zweiten Einsatztages waren von der gesamten Kompanie noch 61 Soldaten im Einsatz. Der Rest war gefallen, vermißt oder in norwegische Gefangenschaft geraten. Südlich der Ortschaft Dombås ver-

Norwegische Soldaten in weißen Tarnhemden untersuchen eine südlich von Dombås abgeschossene Ju 52. Die Maschine hatte am 14. April 1940 Fallschirmjäger über der Ortschaft abgesetzt.
Foto: Kristian Hosar

schanzten sich die deutschen Soldaten und leisteten den weit überlegenen norwegischen Truppen erfolgreich Widerstand. Es gelang ihnen, den Straßen- und Schienenverkehr für fünf Tage zu unterbrechen. Die norwegischen Truppen vor Ort waren nicht in der Lage, den deutschen Trupp zu neutralisieren. In dieser Situation entschloß sich der norwegische Oberkommandierende General Ruge einzugreifen: »Ich schickte erst eine motorisierte MG-Kompanie hinauf nach Dovre, aber diese Kompanie fuhr unvorsichtigerweise direkt in das deutsche Feuer, wurde beschossen und zersplittert. Der Kompaniechef, Hauptmann Austlid, fiel. Eine Gewehrkompanie unter Hauptmann Rotheim, die ebenfalls abkommandiert worden war, machte dieselbe Dummheit noch einmal, und auch diese wurde zersplittert. [...] Erst da wurde ich wirklich ärgerlich und setzte eine norwegische Luftabwehrkanone und eine britische Marinehaubitze ein, die aus Åndalsnes gekommen waren, so daß sich der deutsche Kompaniechef ergab.«[71] Es war allerdings nicht der Einsatz dieser schweren Waffen auf norwegisch-britischer Seite, der schließlich am 19. April 1940 zur Kapitulation der deutschen Fallschirmjäger führte, sondern akuter Verpflegungs-und Munitionsmangel. Schon am 15. April war in der Nähe der deutschen Stellung eine Hakenkreuzflagge als Signal für deutsche Aufklärer ausgelegt worden. Zudem war mit Sand in den Schnee geschrieben worden: »Munition! Verpflegung! Wir halten!« Eine Ju 52 tauchte noch am selben Tag über der deutschen Stellung auf und warf Munition ab. Da der Abwurf ohne Schirm erfolgte, wurden allerdings 90 Prozent der Patronen beschädigt und damit unbrauchbar.

In der Nacht vom 16. April auf den 17. April nahmen die noch verbliebenen Fallschirmjäger unter den Augen der Norweger einen Stellungswechsel 6 km in südlicher Richtung vor. Auch jetzt gelang es den überlegenen norwegischen Einheiten nicht, die auf 43 Soldaten zusammengeschrumpfte Truppe zu überwältigen. Erst als am 19. April sowohl die eigene als auch die Beutemunition verschossen worden war, ergab sich der Rest der deutschen Fallschirmjäger.

Die Gefangenen wurden per Bahn nach Åndalsnes transportiert, während die verwundeten deutschen Soldaten in norwegischen Krankenhäusern versorgt wurden. Von Åndalsnes aus wurden die Gefangenen in die Nähe der Hafenstadt Kristiansand verlegt, wo sie nach 17tägiger Gefangenschaft von Soldaten der Vorausabteilung von Burstin befreit wurden.

Direkt nach ihrer Befreiung wurden die Soldaten der 1. Kompanie neu eingekleidet und zum Einsatz nach Narvik geflogen. Möglicherweise sollte auf diese Art und Weise verhindert werden, daß die über Dombås eingesetzten Soldaten sofort von diesem dilettantisch vorbereiteten Einsatz erzählen konnten. Lediglich der Kompaniechef Oberleutnant Schmidt, der schon am ersten Tag des Einsatzes schwer verwundet worden war und an den direkten Auseinandersetzungen mit den Norwegern und Briten gar nicht mehr beteiligt gewesen war, wurde sofort nach seiner Befreiung aus norwegischer Kriegsgefangenschaft nach Deutschland ausgeflogen, mit dem Ritterkreuz ausgezeichnet und zu Propagandazwecken herumgereicht. Das Buch über den Dombås-Einsatz, das im Jahr 1941 unter seinem Namen mit dem Titel »Die Fallschirmjäger von Dombas« veröffentlicht wurde, hatte mit der militärischen Realität Mitte April 1940 im nördlichen Gudbrandsdal wenig zu tun.

Nach dem Abschluß des Unternehmens mußte sich Generalmajor Süßmann wegen Ungehorsam vor einem Kriegsgericht verantworten. Nach einer Verfügung durch Göring wurde das Verfahren Anfang Juni 1940 eingestellt.

Nach dem Ende des Norwegen-Feldzuges wurden die beteiligten deutschen Soldaten von der deutschen Propaganda als die »Helden von Dombås« gefeiert, weil sie gegen überlegene norwegische und britische Streitkräfte fünf Tage lang Widerstand geleistet hatten. Über die stümperhafte Planung des Unternehmens verlautete während des Krieges natürlich nichts. Auch heute ist weitgehend unbekannt, unter welchen katastrophalen Voraussetzungen der Einsatzbefehl an die Fallschirmjäger erteilt worden war.

7. Der Feldzug in Südnorwegen

7.1. Die Besetzung der Region Østfold

Am Nachmittag des 11. April 1940 kam der Kommandeur der 196. Infanteriedivision, Generalmajor Pellengahr, nach Oslo. Seine Division hatte bei der Überfahrt erhebliche Verluste erlitten, als die beiden Truppentransporter WIGBERT und FRIEDENAU im Skagerrak torpediert worden waren. Eine unbekannte Anzahl von Soldaten war ertrunken. Über 370 Tonnen Kriegsmaterial der Division war verloren gegangen.

Falkenhorst erteilte Pellengahr noch am selben Tag den Auftrag, so schnell wie möglich durch das Gudbrandsdal über den Verkehrsknotenpunkt Dombås auf Trondheim vorzustoßen, um die Landverbindung zwischen der Hauptstadt und der drittgrößten Stadt des Landes herzustellen, und um die 181. Infanteriedivision unter Generalmajor Woytasch zu entsetzen, die südlich von Trondheim auf hartnäckigen norwegischen Widerstand gestoßen war. Noch in der folgenden Nacht wurde dieser Befehl widerrufen. Der neue Einsatzbefehl lautete: »Das norw. Heer wird mobil gemacht. Im Norden von Oslo sammeln sich die Verbände der 2. Div. und im Südosten solche der 1. Div. Die 196. Div. – unter Abänderung des ursprünglichen Befehls – säubert den Südostraum, sichert die Grenzübergänge nach Schweden und verhindert die Vereinigung der norw. Südtruppen mit den Nordtruppen.«[72]

Die Region Østfold ist ein schwach welliges Hügelland, stark bewaldet und von vielen kleineren Flußläufen durchschnitten. Hier gab es viele Möglichkeiten einer wirkungsvollen Verteidigung. Allerdings gab es auch schon 1940 ein relativ gut ausgebautes und umfangreiches Straßen- und Wegenetz, das einem Angreifer vielfältige Operationsmöglichkeiten bot.

Pellengahr verfügte über das 362. Infanterieregiment, das den Seetransport unbeschadet überstanden hatte. Verstärkt wurde dieses Regiment durch die I. Abteilung des Artillerieregiments 233, Teile eines Pionierbataillons sowie der Aufklärungsschwadron 32. Nach Norden wurde diese Operation durch das Jägerregiment 340 gedeckt, das eine Linie entlang der Ortschaften Lillestrøm und Fetsund bis hin zur schwedischen Grenze sicherte.

Der Mobilmachungsraum und das Einsatzgebiet der 1. norwegischen Division unter ihrem Kommandeur Generalmajor Erichsen lag eigentlich zu beiden Seiten des Oslofjords. Das Divisionshauptquartier lag auf der Festung Frederiksten in der Hafenstadt Halden am südöstlichen Ausgang des Oslofjords. Allerdings war der Divisionskommandeur von seinen Einheiten auf dem westlichen Ufer des Oslofjords abgeschnitten, nachdem die Invasionsstreitkräfte die Hauptstadt besetzt hatten und den gesamten Fjord kontrollierten. In einem Telefongespräch mit dem Generalstabschef hatte Generalmajor Erichsen am 10. April zugesagt, eine Verteidigungsstellung entlang des Flusses Glomma zu errichten und sie so lange wie möglich zu halten. Im Falle eines deutschen Durchbruchs sollten sich die norwegischen Verteidiger nach Nordosten in Richtung auf die Stadt Kongsvinger zurückziehen.

Auf deutscher Seite erhielt das I./Infanterieregiment 362 unter Major Mätschke den Befehl, auf der Ostseite des Oslofjords die Städte Moss, Sarpsborg, Frederikstad und Halden zu besetzen sowie die südlichen Grenzübergänge nach Schweden zu sichern. Jeglicher Widerstand sollte ohne Rücksicht auf Verluste gebrochen werden.

Am frühen Morgen des 12. April begann der Vormarsch des Bataillons nach Süden. Gegen Mittag traf der Divisionskommandeur beim Bataillon ein. Verwundert über den gemächlichen Vormarsch, erteilte Pellengahr den Befehl, unverzüglich Kraftfahrzeuge zu requirieren und den Vormarsch deutlich zu beschleunigen.[73] Die Hafenstadt Halden sollte am nächsten Tag in deutscher Hand sein. Sofort machte sich der Bataillonskommandeur zusammen mit seinem Adjutanten auf den Rückweg nach Oslo. Dort wurden Dutzende von Privatfahrzeugen und Busse der Osloer Verkehrsbetriebe beschlagnahmt. Nun motorisiert, ging der Vormarsch schnell. Sämtliche Festungen entlang des Oslofjords kapitulieren ohne großen Widerstand. Bei der Feste Sarpsborg genügten einige Warnschüsse der Artillerie, um die Besatzung zur Übergabe zu bewegen. Allein hier gingen 90 Offizieranwärter in Gefangenschaft. Auch die Hafenstadt Frederikstad und Halden mit seiner imposanten Festung Frederiksten, wo das Divisionshauptquartier der 1. Division lag, ergaben sich den deutschen Angreifern ohne Gegenwehr.

Die Verteidigungsstellung entlang des Flusses Glomma bot günstige Verteidigungsmöglichkeiten. Hier hätten die Einheiten der 196. Infanteriedivision wirksam aufgehalten werden können, aber die Sprengung der Brücke bei Fossum mißlang. Die Brücke war nur beschädigt worden. Nach intensivem Beschuß der norwegischen Stellungen gelang es dem Feldwebel Koenen als erstem, mit seiner Gruppe über die Brückenreste überzusetzen und einen Brückenkopf zu bilden. Danach löste sich die norwegische Verteidigung nach und nach auf. Die Ortschaft Askim wurde genommen. Von Norden stieß unterdessen ein starker Stoßtrupp des Jägerregiments 340 am Ostufer des Sees Øyeren in Richtung Süden auf Trøgstad vor. Sowohl unter der Zivilbevölkerung als unter vielen Soldaten der 1. norwegischen Division brach Panik aus. Viele flüchteten über die Grenze nach Schweden. Am Morgen des 14. April sah auch der norwegische Divisionskommandeur keine andere Möglichkeit mehr, als mit seinen restlichen 1.000 Soldaten über die Grenze nach Schweden zu fliehen und sich dort internieren zu lassen.[74]

Über die Verluste auf beiden Seiten gehen die Angaben weit auseinander. In der norwegischen Literatur ist oft von vielen deutschen Gefallenen die Rede, ohne daß allerdings genaue Angaben gemacht werden. Über ein Gefecht in der Nähe der Festung Sarpsborg heißt es: »Das Fort übergab sich nach dreistündigem Kampf mit nicht unbedeutenden Verlusten für die Deutschen.«[75] Generalmajor Pellengahr gab in seinem Bericht auch keine genauen Verlustzahlen bekannt, schrieb aber: »Eigene Verluste waren kaum eingetreten.«[76] Während der Kämpfe in Østfold waren 60 norwegische Offiziere sowie rund 1.400 Soldaten gefangen genommen worden. Über 100 Geschütze, Dutzende Maschinengewehre sowie umfangreiches Kriegsmaterial wurden Kriegsbeute.

7.2. Am Mjøsa-See entlang durch das Gudbrandsdal

Am 14. April begann der deutsche Vormarsch von Oslo aus in Richtung Norden, nachdem sich die militärische Lage in den Landschaften Øst- und Vestfold beiderseits des Oslofjords für die Deutschen konsolidiert hatte.

Hitler selbst hatte befohlen, die Landverbindung zwischen der Hauptstadt und der drittgrößten Stadt des Landes, Trondheim, so schnell wie möglich und ohne Rücksicht auf Verluste herzustellen. Mit dieser Aufgabe wurde erneut die 196. Infanteriedivision unter Pellengahr betraut. Falkenhorst drängte auf Schnelligkeit. Er befahl, die Division in zwei Kampfgruppen zu teilen, wobei sich die Kampfgruppe Ost unter Oberst Hermann Fischer durch das Østerdal parallel zur norwegisch-schwedischen Grenze auf Trondheim vorarbeiten sollte, während die Kampfgruppe West unter Oberst Laendle entlang des Mjøsa-Sees, Norwegens größtem Binnensee, durch das Gudbrandsdal und über das Dovrefjell auf Trondheim vorstoßen sollte. Ausdrücklich wies Falkenhorst in der Lagebesprechung auf die Gefahr einer britischen Landung an der norwegischen Westküste hin. Danach würde der Vormarsch nach Norden weitaus schwieriger werden. Generalmajor Pellengahr wurde befohlen, seine Truppen mit requirierten Fahrzeugen mobil zu machen. Rückblickend beschrieb der Divisionskommandeur seine Eindrücke nach der Lagebesprechung fol-

Der britische Bataillonskommandeur Oberstleutnant Ford kurz nach seiner Gefangennahme bei Tretten im südlichen Gudbrandsdal am 23. April 1940.

Foto: Gudbrandsdal Krigsminnesamling

gendermaßen: »Mir schwirrte es seiner Zeit im Kopfe bei dem Gedanken an die bevorstehenden Operationen über 550 km weit, durch die engsten Täler und über das verschneite Dovre-Fjell mit einer Streitmacht, die im ganzen keine 5 Btl., 1 Art. Reg. und 2 Pi. Komp. stark war, und die noch dazu in zwei Kampfgruppen aufgeteilt werden mußte.«[77]

Auf norwegischer Seite hatte die 2. Division die für eine allgemeine Mobilmachung vorgesehene Stärke von 10.558 Soldaten nicht annähernd erreicht. Auch wurde keine Feldbrigade der 2. Division gebildet, wie es im Kriegsfall eigentlich vorgesehen war. Die zur Verfügung stehenden Einheiten wurden in vier Kampfgruppen aufgeteilt. Divisionskommandeur Generalmajor Hvinden Haug befehligte zudem die Kampfgruppe in der Landschaft Hedemark selbst.

Ehe am 14. April der deutsche Vormarsch auf Trondheim begann, hatte es einige Stoßtruppunternehmen in den Raum nördlich der Hauptstadt gegeben. Bei der Ortschaft Minnesund am südlichen Ufer des Mjøsa-Sees hatten die norwegischen Verteidiger die strategisch wichtigen Brücken über den Fluß Vorma gesprengt, was den deutschen Vormarsch allerdings nur unwesentlich behinderte. Erst bei Strandlykkja am östlichen Ufer des Sees versteifte sich der norwegische Widerstand. Hier reichen dicht bewaldete Felsen und Hügel fast bis ans Ufer, und hier führt die strategisch wichtige Straße weiter nach Norden. Wieder war es keine reguläre norwegische Einheit, die sich hier im Widerstand gegen die vorrückenden Deutschen auszeichnete, sondern ein kurzfristig zusammengestelltes Kommando von 74 Soldaten unter Hauptmann Pran. Zwanzig seiner Männer waren Zivilangestellte des Heeres, die schon an dem Gefecht bei Midtskogen teilgenommen hatten. Nach mehreren erfolgreichen Gefechten wurde Hauptmann Prans Einheit von der 1. Gardekompanie unter Hauptmann Hagtvedt abgelöst.

Nachdem auch im deutschen Hauptquartier in Oslo die Stockung bei Strandlykkja bemerkt worden war, wurden 1.000 Paar Skier nach Norden verfrachtet, auf denen die deutschen Soldaten die feindliche Stellung durch die tief verschneite Felsenlandschaft umgehen sollten. Dieser in Oslo geplanten Operation haftet durchaus etwas Groteskes an, ließen sich die deutschen Knobelbecher doch überhaupt nicht an den Skiern befestigen. Zudem stammte das Gros der Soldaten aus Westfalen. Nur die wenigsten dieser Männer hatten jemals auf Skiern gestanden. Anstatt diesen lächerlichen Plan auch nur ansatzweise in die Tat umzusetzen, plante Pellengahr eine riskante Operation. Er dirigierte das III./Infanterieregiment 362

Der britische Oberstleutnant Ford kurz nach seiner Gefangennahme im Gespräch mit britischen Soldaten, die sich ergeben haben. Dem britischen Soldaten ist noch die ganze Anspannung und Angst anzusehen.

Foto: Gudbrandsdal Krigsminnesamling

Deutsche Soldaten begraben gefallene Briten nach den harten Kämpfen bei Tretten.
Foto: Gudbrandsdal Krigsminnesamling

auf das westliche Ufer des Mjøsa-Sees. Sein Plan ging dahin, die norwegische Stellung im Rücken anzugreifen, indem er im Morgengrauen des 18. April nach intensiver Artillerievorbereitung das Bataillon über den hier nur drei Kilometer breiten zugefrorenen See angreifen ließ. Gleichzeitig wurde der Frontalangriff auf die norwegische Stellung wieder aufgenommen. Auf dem zugefrorenen See wären die Infanteristen leichte Ziele gewesen. Doch vom gegenüberliegenden Ufer regte sich kein Widerstand. Als die ersten deutschen Soldaten das Ufer erreichten, fanden sie nur noch eine verlassene Stellung vor.

Vom 15. bis zum 17. April hatten die beiden Kampfgruppen der 196. Infanteriedivision 23 Gefallene, 9 Vermißte und 60 Verwundete zu verzeichnen.[78]

Das nächste Ziel der Kampfgruppe Laendle war die Stadt Hamar. In der deutschen Operationsplanung sollte diese Stadt die Ausgangsbasis für das weitere Vorgehen in Richtung Lillehammer und durch das Gudbrandsdal bilden. Von strategischer Bedeutung war zudem die 30 km lange Eisenbahn- und Straßenverbindung zwischen den beiden Städten Hamar und Elverum, die die Verbindung zwischen den beiden Kampfgruppen sicherte.

Hamar liegt am nördlichen Ufer einer etwas größeren Bucht des Mjøsa-Sees. Die Divisionsführung ging davon aus, daß die Brücke über die Bucht gesprengt worden war. So lautete denn der Auftrag für die Kampfgruppe Laendle, die Bucht ostwärts zu umgehen und dann nach Hamar hineinzustoßen. Höchste Priorität erhielt diese Operation durch die Tatsache, daß jetzt tatsächlich britische Einheiten an der westnorwegischen Küste bei Åndalsnes gelandet waren. Der Ic der Division, Rittmeister Schleifenbaum, wurde beauftragt, den neuen Einsatzbefehl an die Kampfgruppe Laendle zu überbringen. Per Krad machte er sich auf den Weg nach Norden, verfehlte aber die deutschen Stellungen und befand sich plötzlich vor der Brücke, die nach Hamar hineinführt. Als er lediglich einige flüchtende Zivilisten entdeckte, fuhr er zusammen mit seinem Dolmetscher und seinem Fahrer über die intakte Brücke direkt ins Zentrum der fast menschenleeren Stadt. Dem Bürgermeister und dem Polizeichef erklärte er, daß sich ein deutsches Regiment unmittelbar südlich der Stadt befände, bereit, bei norwegischer Gegenwehr die Stadt zu zerstören. Darauf berichtete der Bürgermeister, daß eben vor der Ankunft der drei Deutschen drei norwegische Kompanien die Stadt verlassen hätten und sich somit keine

Die kleine Ortschaft Tretten im südlichen Gudbrandsdal wurde bei den Kämpfen zwischen deutschen und britischen Einheiten am 23. April 1940 zum großen Teil zerstört. Hier kam es zu regelrechten Häuserkämpfen.

Foto: Per Åsmundstad

Die kleine Kirche von Tretten blieb bei den Kämpfen unzerstört.

Foto: Per Åsmundstad

regulären Soldaten mehr in Hamar befänden. Über mehrere Stunden geschah dann überhaupt nichts. Eine Fernmeldeverbindung zur Kampfgruppe oder zur Division konnte nicht hergestellt werden. Erst nachdem der Rittmeister am späten Abend seinen Kradmelder zurückgeschickt hatte, rückten gegen 22 Uhr die ersten Einheiten der Kampfgruppe Laendle in die Stadt ein.

Hier in Hamar nahm der Divisionskommandeur einige Umgruppierungen vor. Zudem traf mit dem Maschinengewehr-Bataillon 13, das bisher in Dänemark stationiert gewesen war, eine willkommene Verstärkung ein. Während die 1., 2. und 4. Kompanie des Bataillons der Kampfgruppe Laendle zugeteilt wurden, schloß sich die 3. Kompanie der Kampfgruppe Fischer im Østerdal an.

Das voll motorisierte Maschinengewehr-Bataillon 13 war eine unabhängige Einheit der »Heerestruppen«. Das Oberkommando des Heeres unterstellte es jetzt komplett der 196. Infanteriedivision. In der Nacht vom 18. auf den 19. April war das Bataillon auf den Truppentransportern LEUNA und BUENOS AIRES von Dänemark nach Norwegen verlegt worden.

Nachdem die nächste norwegische Verteidigungsstellung bei der Ortschaft Brumunddal überrannt worden war, stand die Kampfgruppe Laendle vor der Aufgabe, den schroffen Höhenrücken bei Lundehøgda nördlich von Brumunddal zu erobern, wo sich ein norwegisches Bataillon zur Verteidigung eingerichtet hatte. Von dieser Stellung aus war es möglich, den Weg nach Lillehammer, dem Tor zum Gudbrandsdal, zu kontrollieren. Das norwegische Bataillon unter Major Eystein Torkildsen war am 9. April nördlich von Oslo aufgestellt worden. Hier fanden sich unter anderem Soldaten der Infanterieregimenter Nr. 2 und Nr. 4, Teile der norwegischen Garde sowie die Männer des Hauptmanns Pran, die den deutschen Vormarsch schon bei Strandlykkja erfolgreich aufgehalten hatten. Am 19. April hatte das Bataillon eine Stärke von 575 Soldaten, die eine Schlüsselstellung besetzt hielten.[79] Hier, vor dieser Stellung, hatten auch die Einheiten des Maschinengewehr-Bataillons 13 zum erstenmal Feindberührung.

Oberleutnant Gerlach, Chef der 2. Kompanie, berichtete später: »Nördlich Ringsaker beim Bahnhof Ring hat der Norweger starke Stellungen bezogen. Ich bekomme vom Bataillons-Kdr., Major Michalke, den Auftrag, die Spitze zu übernehmen und weiter anzugreifen.«[80] Doch sowohl dieser Frontalangriff als auch alle anderen Versuche, die gut getarnten norwegischen Stellungen unter dem Einsatz von Granatwerfern und Artillerie zu nehmen, wurden abgewiesen.

Am Abend des 20. April zogen sich die deutschen Einheiten vorläufig zurück. Zusammen mit dem Kampfgruppenkommandeur entwickelte der

Ein Panzerkampfwagen II ist beim Überqueren eines Flußlaufes im Gudbrandsdal mit abgespurter Kette liegengeblieben. Foto: Gudbrandsdal Krigsminnesamling

Das Maskottchen des Maschinengewehr-Bataillons 13 versucht vergeblich, sich in der Ortschaft Vinstra im mittleren Gudbrandsdal mit einer norwegischen Katze anzufreunden. Foto: Gudbrandsdal Krigsminnesamling

Divisionkommandeur einen Plan, den steilen Gebirgsrücken im Frontalangriff zu erobern. Dieser Angriff sollte vom Jägerregiment 345 unter Feuerschutz der II./Artillerieregiment 233 sowie unter Beteiligung des Maschinengewehr-Bataillons 13 durchgeführt werden. Ehe jedoch am nächsten Morgen der Angriff begann, versagten Laendle die Nerven, so daß er nach Oslo zurückgeschickt werden mußte.

Den ganzen Tag wogte der Kampf hin und her. Schließlich hatten sich die deutschen Soldaten bis zum Abend an den Fuß des Höhenrückens herangekämpft. Am frühen Morgen des nächsten Tages erhielt der Divisionskommandeur vom Chef der Kradschützenkompanie des Maschinengewehr-Bataillons 13, Oberleutnant Matthess, die Meldung, die Norweger hätten ihre Stellungen geräumt. Mit seiner Kompanie sowie dem ihm unterstellten Fernmeldetrupp der 2. Kompanie setzte Oberleutnant Matthess sofort nach, zersprengte eine völlig überraschte Einheit der 148. britischen Brigade, die auf dem Weg zur Front gewesen war, fuhr weiter bis Lillehammer und besetzte die Stadt ohne Widerstand. 70 Gefangene wurden hier eingebracht. Für diesen Einsatz wurde er als erster Soldat auf dem norwegischen Kriegsschauplatz mit dem Ritterkreuz ausgezeichnet.[81] Übrigens war der Zusammenstoß zwischen den Soldaten der Kradschützenkompanie unter Oberleutnant Matthess und der britischen Einheit eines der ersten direkten Aufeinandertreffen deutscher und britischer Heeressoldaten während des Zweiten Weltkrieges.

Während die vorrückenden deutschen Truppen am Ostufer des Mjøsa-Sees auf zähen norwegischen Widerstand trafen, hieß es zum Verhalten der Zivilbevölkerung in den »Lageberichten« vom 21. April 1940: »Bevölkerung: im gesamten besetzten Gebiet im allgemeinen keine feindliche Haltung: Bisher kein Heckenschützentum festgestellt. [...] Willige Mitarbeit zahlreicher Kraftfahrer. Seitens norwegischer Behörden keine nennenswerten Schwierigkeiten. Kein passiver Widerstand.«[82]

In Oslo erwog die deutsche Führung, militärische Verstärkungen mit Ju 52-Transportmaschinen auf dem Eis des Mjøsa-Sees bei Lillehammer landen zu lassen. Sechs Abwehragenten, alle mit falschen Papieren ausgestattet, gelangten durch die norwegischen Linien nach Lillehammer.[83] Zwei von ihnen ertranken, als sie das Eis des Sees auf seine Tragfähigkeit untersuchten. Darauf wurde der Plan in Oslo aufgegeben.

Die nächste Verteidigungsstellung wollten die Norweger direkt nördlich der Stadt Lillehammer am Eingang zum Gudbrandsdal errichten. Hier, bei

Ein schwerer Panzer vom Typ »Neubaufahrzeug« vor der Ortschaft Kvam im mittleren Gudbrandsdal. In der Ortschaft wurde der Panzer durch britische Pak beschädigt. Weil er die Straße versperrte, sprengten ihn die Deutschen in die Luft.

Foto: Gudbrandsdal Krigsminnesamling

Soldaten der 196. Infanteriedivision in der Ortschaft Kvam im mittleren Gudbrandsdal. Hier kam es vom 25. bis zum 27. April 1940 zu heftigen Kämpfen mit Einheiten der 15. britischen Infanteriebrigade. Foto: Kristian Hosar

Balberg, wurden jetzt auch Einheiten der 148. britischen Infanteriebrigade eingesetzt, die am 18. April bei Åndalsnes an der westnorwegischen Küste an Land gegangen waren. Unter ihrem Kommandeur Brigadier Morgan umfaßte diese Einheit rund 1.000 Soldaten. Allerdings waren diese keine langgedienten Berufssoldaten, sondern schlecht ausgebildeter Landsturm, der zudem keinerlei Kampferfahrung im Gebirge hatte.

Ursprünglich zusammen mit norwegischen Einheiten für die Rückeroberung der Stadt Trondheim über das tief verschneite Dovrefjell vorgesehen (»Operation Sickle«), waren diese Einheiten in aller Hast durch das über 200 km lange Gudbrandsdal in die Nähe der Stadt Lillehammer verlegt worden, um hier endlich den raschen deutschen Vormarsch nach Norden aufzuhalten. Als Pellengahr die deutsche Angriffsspitze vor der Balbergstellung erreichte, entschloß er sich angesichts der geographischen Lage zum sofortigen Frontalangriff: »Hier sagte ich mir sofort, daß ein konzentrischer Angriff seitlich über die schon ziemlich bewaldete und daher unübersichtliche Ebene auf dem Gebirgsstock gar nicht in Frage kam, [...] . Es war mir sofort klar, daß ich hier auf der Talstr. durchstoßen mußte.«[84] Das war ein riskanter Plan, schlängelte sich doch die Straße

Soldaten der 2. Kompanie des Maschinengewehr-Bataillons 13 nutzen nach den harten Kämpfen in Kvam die ersten wärmenden Strahlen der Frühlingssonne.

Foto: Gudbrandsdal Krigsminnesamling

direkt unter dem Bergrücken am steilen Ufer des Flusses Lågen entlang, der einige Kilometer weiter südlich bei Lillehammer in den Mjøsa-See mündet. Zudem konnte die Talstraße vom gegenüberliegenden Ufer bei Fåberg hervorragend eingesehen werden, eine Möglichkeit, die auch der norwegische Oberkommandierende General Ruge erkannt hatte, als er den Befehl gab, die vorrückenden deutschen Einheiten in der Flanke anzugreifen. In seinen Erinnerungen schrieb General Ruge: »Ich hatte darum Oberst Dahl den Befehl gegeben, Maschinengewehre und möglichst auch Artillerie so zu plazieren, daß er den Weg unter Feuer halten konnte. Aber dieser Befehl kam nicht rechtzeitig an, oder Oberst Dahl hatte ihn aus anderen Gründen nicht durchführen können. Es wurde auf jeden Fall nichts aus diesem Plan.«[85] Im Gausdal nordwestlich von Lillehammer kommandierte Oberst Dahl über 3.000 Soldaten, die aber passiv blieben. Wäre der Befehl General Ruges ausgeführt worden, dann hätten die britischen und norwegischen Einheiten 20 km weiter nördlich im Tal bei der Ortschaft Tretten im südlichen Gudbrandsdal wesentlich mehr Zeit gehabt, ihre Verteidigungsstellungen auszubauen. Zu diesem Zeitpunkt hatte nämlich das norwegische Oberkommando beschlossen, den deutschen Vormarsch dort mit allen verfügbaren Mitteln aufzuhalten. General Ruge beauftragte die 148. britische Infanteriebrigade unter Brigadier Morgan, sich auf die Stellung bei Tretten zurückzuziehen. Morgan protestierte gegen diesen Befehl und wies auf seine Order hin, unverzüglich zu einem Angriff auf Trondheim über das Dovrefjell anzusetzen. Zudem wies er auf die Anstrengungen hin, denen seine Soldaten seit ihrer Landung bei Åndalsnes am 17. April ausgesetzt gewesen waren.[86] Während der Lagebesprechung mit dem Briten konnte der norwegische Oberkommandierende allerdings darauf verweisen, daß seine Soldaten bereits seit dem 9. April ununterbrochen im Einsatz waren.

Überhaupt war die norwegisch-britische militärische Zusammenarbeit alles andere als spannungsfrei. General Ruge drohte sogar mit seiner Demission, sollten die britischen Expeditionseinheiten in Südnorwegen nicht seinem Kommando unterstellt werden. Auf der anderen Seite hielten die Briten große Teile des norwegischen Offizierkorps für politisch unzuverlässig. So war denn die Zusammenarbeit korrekt, aber mehr auch nicht. Schließlich einigten sich General Ruge und Brigadier Morgan darauf, die britischen Einheiten direkt unten im Tal an der Hauptverteidigungslinie einzusetzen, während norwegische Einheiten den Flankenschutz zu beiden Seiten des Tals auf dem Fjell übernehmen sollten. Zu diesem Zweck beorderte Ruge Einheiten des norwegischen Dragonerregi-

Britische Soldaten haben sich ergeben. Foto: Kristian Hosar

Die deutsche Angriffsspitze versucht am 28. April 1940, mit Hilfe eines Spezialfernrohrs und eines Entfernungsmessers britische Stellungen vor der Ortschaft Otta im nördlichen Gudbrandsdal zu lokalisieren und die Entfernung zu bestimmen.

Foto: Kristian Hosar

ments Nr. 2, insgesamt rund 300 Soldaten, nach Tretten, die eigentlich ein Ruhequartier bei der Ortschaft Ringebu, 20 km weiter nördlich, bezogen hatten.

Unterdessen ging die deutsche Angriffsspitze gegen die Balbergstellung vor. Hier wurde zum ersten Mal während des Feldzuges ein Panzer eingesetzt, allerdings ohne durchschlagenden Erfolg. Über den Vorstoß berichtet Pellengahr: »Das Unternehmen schien gut anzulaufen. Da kommt aber schon der Panzer zurück, durchlöchert von den Geschossen der britischen 2 cm Panzerbüchse, einer Neuerscheinung für uns.«[87] Doch auch die Balbergstellung fiel nach wenigen Stunden. Damit war der Eingang in das enge Gudbrandsdal erzwungen.

Am 23. April übernahm die 2. Kompanie des Maschinengewehr-Bataillons 13 unter Oberleutnant Gerlach die Angriffsspitze. Nördlich der kleinen Ortschaft Øyer ist das Tal besonders eng und bietet einem Verteidiger fast optimale Möglichkeiten. Hier, zwischen dichtbewachsenen

Felsen, hatten sich die Soldaten der 148. britischen Infanteriebrigade verschanzt und eröffneten das Feuer. Schon nach wenigen hundert Metern blieb der deutsche Angriff liegen. Wieder mußten Panzer vor, um den Widerstand zu brechen, diesmal mit mehr Erfolg. Oberleutnant Gerlach: »Die Panzer kommen. Unser Herz klopft schneller und freudiger. Der Blick geht rückwärts. Da, da sind sie. Ich weiß nicht, ob es allen so ergeht, wenn ihnen der Panzer das erste Mal Hilfe bringt.«[88] Die Ortschaft Tretten wurde im zähen Häuserkampf genommen, erstaunlicherweise ohne Verluste für die die Angriffsspitze bildende 2. Kompanie. Nach den Kämpfen fand der Infanterie-Geschützzug des Infanterieregiments 340 in einem Wald östlich oberhalb von Tretten große Mengen britischer militärischer Karten und Dokumente, die dem Regimentsadjutanten übergeben wurden.

Während des chaotischen und überstürzten Rückzuges aus Tretten versäumten es die britischen Soldaten, die Einheiten des norwegischen Dragonerregiments Nr. 2 auf dem Fjell über die militärische Lage zu informieren. Norwegische Soldaten, die am Abend des 23. April hinunter in den Ort kamen, trafen daher völlig unvorbereitet auf Deutsche. Nach dem Abschluß der Kämpfe in Südnorwegen schilderte der Rittmeister Aamodt vom Dragonerregiment Nr. 2 das ungewollte Treffen mit den Einheiten der 196. Infanteriedivision dem Journalisten und Hauptmann Birger Gootaas so: »Als wir am Abend hinunter an die Hauptstraße kamen, von der wir meinten, daß sie feindfrei sei, wurden wir heftig beschossen, besonders von automatischen Waffen. Zwei Dragoner fielen sofort, zwei wurden schwer und einige leicht verwundet.«[90]

Bei Tretten machten die deutschen Soldaten umfangreiche Kriegsbeute. Neben 250 Gefangenen, unter ihnen der britische Bataillonskommandeur Oberstleutnant Ford, wurden umfangreiche Waffen-, Munitions- und Verpflegungsbestände sichergestellt.

Der britische Rückzug bei Tretten gab das südliche Gudbrandsdal endgültig den Angreifern preis, auch wenn General Ruge der 2. norwegischen Division den Befehl gab, Auffangstellungen bei den Ortschaften Fåvang und Kvam zu erkunden. Der General selbst schätzte die militärische Lage als ziemlich hoffnungslos ein, nachdem die Trettenstellung gefallen war: »Jetzt hatten wir keine Aussicht mehr, in Oppland [Regierungsbezirk] in die Offensive zu gehen.«[91]

Am Morgen des 24. April traf Pellengahr in Lillehammer mit Oberst Rudolf Schmundt, Hitlers Chefadjutanten, und Oberstleutnant i.G. Bernhard von Loßberg vom Wehrmachtführungsstab zusammen. Schmundt berichtete, Hitler selbst habe einen Besuch bei der Truppe in Norwegen geplant, aufgrund der unsicheren Luftlage aber einen Flug nicht riskieren wollen.[92] Schmundt berichtete, Hitler verfolge den Vormarsch der deut-

Nördlich der Ortschaft Otta ging der deutsche Vormarsch auf den unzerstörten Bahngleisen weiter, nachdem die Straße von den sich zurückziehenden britischen und norwegischen Truppen unpassierbar gemacht worden war.

Foto: Gudbrandsdal Krigsminnesamling

schen Truppen nach Norden mit großer Aufmerksamkeit. Loßberg sprach sogar von einem »in dieser Zeit sehr nervösen Führer«.[93] Allerdings stand nach Loßberg diese Nervosität Hitlers im direkten Gegensatz zur gelassenen Haltung im deutschen Hauptquartier in Oslo. Nach einer Lagebesprechung mit Falkenhorst in Oslo notierte er: »Um Drontheim hatte man keine besondere Sorge, war vielmehr davon überzeugt, daß die von Oslo her angesetzten Truppen rechtzeitig dort eintreffen würden.«[94] Auch Falkenhorst selbst bestätigte nach dem Krieg in einem Verhör diese Beurteilung, als er auf die Frage, ob ungefähr eine Woche nach der Landung in Oslo eine Krise eingetreten sei, bei der sogar ein Abbruch der gesamten Operation erwogen worden sein sollte, antwortete: »Nein. Bei mir nicht. Hier war keine Krise.«[95]

Solange jedoch die Landverbindung zwischen der norwegischen Hauptstadt und Trondheim nicht hergestellt war, wollte Hitler nicht den Befehl zum Angriff im Westen geben. Im Auftrag des »Führers« verlangte

Der strategisch wichtige Verkehrsknotenpunkt Dombås im nördlichen Gudbrandsdal war nach der Landung des britischen Expeditionskorps in der westnorwegischen Hafenstadt Åndalsnes am 17. April 1940 ständigen Bombenangriffen ausgesetzt. Hier der Bahnhof der Ortschaft. Foto: Gudbrandsdal Krigsminnesamling

Schmundt eine schriftliche Erklärung des Divisionskommandeurs, wann dieser glaubte, Trondheim erreichen und die britischen Einheiten in Südnorwegen zum Rückzug zwingen zu können. Pellengahr weigerte sich rundheraus, solch eine schriftliche Erklärung abzugeben. Allerdings beharrte Schmundt auf der Forderung Hitlers. Erst als der Divisionskommandeur dem Chefadjutanten den hart umkämpften Kriegsschauplatz bei Lundehøgda südlich von Lillehammer zeigte, gab Schmundt auf. Er flog ohne die schriftliche Erklärung Pellengahrs zurück nach Berlin. Mit sich nahm er den bei Tretten gefangengenommenen britischen Bataillonskommandeur Ford, die dort gefundenen britischen Geheimpapiere sowie ein Exemplar eines erbeuteten britischen Panzergewehrs.

Beim weiteren deutschen Vormarsch durch das Gudbrandsdal wurde schwacher norwegischer Widerstand bei der kleinen Ortschaft Fåvang 15 km nördlich von Tretten sofort gebrochen. Die nächsten Ortschaften, Ringebu und Vinstra im mittleren Gudbrandsdal, wurden ohne norwegischen oder britischen Widerstand genommen.

Zehn Kilometer nördlich von Vinstra bei der Ortschaft Kvam allerdings traf die 196. Infanteriedivision auf eine massive Verteidigungsstellung. Hier hatte sich die 15. britische Infanteriebrigade unter ihrem Kommandeur Brigadier H. E. F. Smyth eingegraben. Die Brigade setzte sich aus dem 1. Bataillon der King's Own Yorkshire Light Infantry, dem 1. Bataillon des York und Lancaster Regiments sowie dem 1. Bataillon der Green Howards zusammen, dazu Teile des 168. leichten Luftabwehrbataillons, des 260. schweren Luftabwehrbataillons sowie die 55. Pionierkompanie. Insgesamt verfügte diese Brigade im gesamten mittleren und nördlichen Gudbrandsdal über 224 Offiziere und 3.450 Unteroffiziere und Mannschaften. Die britischen Soldaten waren in der Nacht zum 23. April 1940 in den beiden westnorwegischen Städten Åndalsnes und Molde an Land gesetzt worden. Im Gegensatz zu den schlecht ausgebildeten Soldaten der 148. Infanteriebrigade waren alle Soldaten der 15. Infanteriebrigade gut ausgebildete Berufssoldaten. Im Winter 1939/40 war die Brigade in Frankreich stationiert gewesen. Jetzt sollte sie den deutschen Vormarsch auf Trondheim bei Kvam aufhalten.

In diesem Raum knickt das Gudbrandsdal in einem fast rechtwinkligen Bogen nach Westen ab. Zudem weitet es sich hier auf einige Kilometer hin, bevor es sich weiter nördlich bei Kjørumslykkja erneut verengt.

Ein völlig zerstörter Güterzug auf dem Bahnhof von Dombås.
Foto: Gudbrandsdal Krigsminnesamling

Südlich von Dombås im Gudbrandsdal. Eine Kolonne britischer Soldaten auf dem Weg in deutsche Kriegsgefangenschaft. Foto: Kristian Hosar

Warum die britischen Truppen ausgerechnet diese Stelle gewählt hatten, um dem deutschen Vormarsch Einhalt zu gebieten, ist bis heute umstritten. Als Pellengahr die britische Verteidigungsstellung bei Kvam erkannt hatte, schrieb er: »Das konnte nur eine vorbereitete, ausgebaute Verteidigungsstellung sein. Mir blieb es nur unverständlich, daß sie ausgerechnet an dieser Stelle gewählt worden war, wo an sich die Bodengestaltung gar keine sonderlichen Anklammerungspunkte bot. [...] Mich in die Lage des Gegners versetzend, schloß ich, daß diese Stelle nur gewählt worden sei, weil hier die Möglichkeit bestand, eine Brigade geschlossen einzusetzen und sich wenigstens stellenweise nach dem Vorbild der kontinentalen Kriege einzugraben, man konnte also drüben mit den ganz abnormen Geländeverhältnissen in Norwegen nicht fertig werden.«[96]

Südlich der massiven britischen Verteidigungsstellung zwischen den Ortschaften Kvam und Vinstra hatte ein Bataillon des norwegischen Infanterieregiments Nr. 11 aus der westnorwegischen Region Møre Stellung bezogen. Auch die Mobilmachung dieses Verbands in den ersten Tagen nach dem Überfall war völlig chaotisch verlaufen. Schon am Morgen des Invasionstages war der Regimentsstab gegen 4.30 Uhr vom Kommandeur der 5. norwegischen Division, Generalmajor Laurantzon, über den Überfall in Kenntnis gesetzt worden. Auf die Frage, ob das Regiment mobilgemacht werden sollte, hatte der General geantwortet, daß dies nicht ohne Befehl des Oberkommandos geschehen dürfe. Den ganzen Tag über versuchte daraufhin die Regimentsführung unter Oberst Thue, mit verantwortlichen Stellen im norwegischen Generalstab in Kontakt zu kommen. Am Nachmittag des 9. April gelang es, telefonischen Kontakt mit Staatsminister Nygaardsvold herzustellen, der allerdings mitteilte, daß ein Mobilmachungsbefehl lediglich an die 1. bis 4. norwegische Division ergangen sei. Auf die ausdrückliche Frage hin, ob das Regiment mobil machen sollte, antwortete der Regierungschef, daß weder der Verteidigungsminister noch der Kommandierende General anwesend seien und er als Staatsminister keinen Befehl zur Mobilmachung geben könne.[97] Erst nach einem Gespräch mit dem Stabschef beim Kommandierenden General wurde am Abend des 9. April die Mobilmachungsorder für das Regiment erteilt. Schließlich war das Regiment Nr. 11 eine der wenigen südnorwegischen Einheiten, die regulär aufgestellt werden konnten. Unter anderem umfaßte das Regiment zwei Linienbataillone sowie ein Landsturmbataillon. Am 14. April begann die Verlegung des Regiments in Richtung Dombås und Gudbrandsdal. Nachdem allerdings am späten Nachmittag des 14. April deutsche Fallschirm-

Ein Panzerkampfwagen II beim Überqueren einer beschädigten Brücke in Ostnorwegen.
Foto: Gudbrandsdal Krigsminnesamling

jäger bei und in Dombås gelandet waren, mußten Einheiten des Regiments Nr. 11 zur Bekämpfung eingesetzt werden, allerdings bis zum 19. April ohne durchschlagenden Erfolg. Ohne Erfolg war dann das 1. Bataillon des Regiments bei Fåvang eingesetzt und zurückgeschlagen worden. Eigentlich war das Regiment ein Teil der 5. norwegischen Division, wurde aber nach seiner Verlegung in das Gudbrandsdal der 2. Division unter Generalmajor Haug unterstellt. Am Abend des 23. April erhielt das 2. Bataillon mit vier Kompanien den Befehl, eine Auffangstellung südlich von Kvam zu errichten. Am Morgen des 24. April war die neue Stellung bezogen.

Den ganzen Tag über zog ein Troß geschlagener norwegischer und britischer Einheiten durch die norwegische Auffangstellung. Plötzlich gegen 23.15 Uhr setzte eine Schießerei ein, nachdem die Meldung durchgegeben worden war, die deutsche Angriffsspitze habe in der Dunkelheit die norwegische Auffangstellung zusammen mit den sich zurückziehenden norwegischen und britischen Einheiten passiert. Darauf brach unter den norwegischen Soldaten Panik aus. Fast das gesamte Bataillon flüchtete ostwärts in die Berge, ohne Widerstand geleistet zu haben.[98] Die Angreifer stießen indes nicht nach, sondern schlugen ihr Nachtquartier in Vinstra auf. Früh am nächsten Morgen wurde der Vormarsch fortgesetzt. Die Angriffsspitze bildete diesmal die 1. Kompanie des Maschinengewehr-Bataillons 13, die durch Teile der Kradschützenkompanie verstärkt worden war. Diesmal wurde der Vormarsch allerdings schon nach wenigen

Britische Piloten wollten mit ihren Jägern vom Typ »Gloster Gladiator« den zugefrorenen Lesjaskogs-See im nördlichen Gudbrandsdal als Behelfsflugplatz nutzen. Die britischen Jäger wurden von der Luftwaffe entdeckt und durch mehrere Bombenangriffe zerstört. Zurück blieben nur ausgebrannte Gerippe.

Foto: Øystein Mølmen

Generalmajor Pellengahr, Kommandeur der 196. Infanteriedivision, inspiziert nach der norwegischen Kapitulation in der westnorwegischen Hafenstadt Åndalsnes am 1. Mai 1940 seine Einheiten. Foto: Gudbrandsdal Krigsminnesamling

Kilometern am Ortseingang von Kvam gestoppt. Alle erneuten Vorstöße wurden im Laufe des Tages von den britischen Verteidigern abgewiesen. Hier bei Kvam traf die 196. Infanteriedivision auf den bisher härtesten Widerstand während des gesamtem Feldzuges. Auch der massierte Einsatz der beiden Bataillone des Infanterieregiments 345 sowie des Maschinengewehr-Bataillons 13 führte zu keinem Erfolg. Von der II./Artillerieregiment 233 konnte lediglich eine Batterie eingesetzt werden, weil in dem relativ engen Ortseingang entlang des Flusses Lågen einfach der Platz fehlte, um die übrigen Batterien in Stellung zu bringen. Auch der Einsatz von Panzern brachte diesmal nicht den gewünschten Erfolg. Diese blieben entweder beschädigt liegen oder mußten sich unter dem heftigen britischen Abwehrfeuer zurückziehen. Deshalb wurde der Angriff in den Abendstunden des 25. April vorerst eingestellt. Pellengahr beschloß, am nächsten Tag die britischen Stellungen ostwärts über das Fjell zu umgehen. Dabei wurde unter anderem das II./Gebirgsjägerregiment 138 unter Major von Poncet eingesetzt, das der Division unterstellt worden war.

Die Verbindung zu den für die Umgehung eingesetzten Einheiten war sehr schlecht. Mehrfach kletterte der Divisionskommandeur selbst ins Fjell hinauf, um sich über die Lage zu informieren. Das Gebirgsjägerbataillon fand er jedoch nicht mehr. Unterdessen wehrten die britischen Verteidiger unten im Tal weitere deutsche Angriffe ab. So war auch am 26. April noch keine Entscheidung gefallen. Zudem keimte im norwegischen Oberkommando noch einmal Hoffnung auf, als der neu ernannte britische Oberkommandierende für Südnorwegen, Major General Paget, auf dem Kriegsschauplatz erschien und das Eintreffen und den Einsatz weiterer britischer Verbände ankündigte. »Die Krise ist vorüber«, verkündete General Ruge an diesem Tag.[99] Allerdings währte der Optimismus nur kurz, denn schon zwei Tage später teilte der britische General mit, daß sich seine Truppen aus Südnorwegen zurückziehen würden.

Von all diesen Entwicklungen auf norwegisch-britischer Seite wußte Generalmajor Pellengahr nichts, als er am Abend des 26. April in sein Divisionshauptquartier nach Ringebu, 35 km südlich der Front, zurückfuhr, um den Angriff für den nächsten Tag zu planen. Auf dem Weg nach Süden überholte er eine Kolonne zurückgehender deutscher Soldaten. Schnell stellte er fest, daß es sich um das II./Gebirgsjägerregiment 138 handelte. Auf die Frage an den Bataillonskommandeur, was seine Einheit soweit hinter der Front mache, antwortete der Major, er hätte auf den Höhen oberhalb von Kvam keine Feindberührung gehabt. Deshalb habe er sein Bataillon zurückgezogen und sei jetzt auf dem Weg zurück nach Ringebu, um Verpflegung zu fassen.[100] Nach eigenen Worten war der Divisionskommandeur sprachlos wegen dieser laschen Einstellung eines Bataillonskommandeurs. Zum Einsatz an der Front bei Kvam kam dieser Verband nicht mehr.

Am 27. April griff Pellengahr erneut die Idee auf, über das Fjell in den Rücken der britischen Verteidiger zu gelangen. Jetzt wurde die 2./Maschinengewehr-Bataillon 13 unter Oberleutnant Gerlach eingesetzt, diesmal mit Erfolg. Nach einem äußerst schwierigen Anstieg über das tiefverschneite Fjell stieß die Kompanie vier bis fünf Kilometer hinter den britischen Linien direkt hinunter ins Tal und drohte den noch in Kvam kämpfenden britischen Truppen den Rückweg abzuschneiden. Die Kompanie igelte sich ein, um heftige britische Angriffe von allen Seiten abzuwehren. Als schließlich die Munition zur Neige ging, die Nacht hereinbrach und damit ein Unterscheiden zwischen Freund und Feind nicht mehr möglich war, zog sich die Kompanie wieder ins Fjell zurück und stieß auf die eigenen Linien. Dieser Vorstoß der 2./Maschinengewehr-Bataillon 13 löste den britischen Rückzug bei Kvam aus. Nach der Kapitulation der 2. norwegischen Division wurde Oberleutnant Gerlach für seinen Einsatz mit dem Ritterkreuz ausgezeichnet.

Während die deutsche Division mit ihrer Spitze schon bei Kvam im mittleren Gudbrandsdal stand, drohte westlich von Tretten, also fast 60 km

Die beiden Ritterkreuzträger des Maschinengewehr-Bataillons 13. Links Oberleutnant Matthess, rechts Oberleutnant Gerlach. Oberleutnant Matthess hatte das Ritterkreuz für seinen Vorstoß nach Lillehammer erhalten, Oberleutnant Gerlach für seinen Durchbruch nördlich von Kvam im mittleren Gudbrandsdal.
Foto: Gudbrandsdal Krigsminnesamling

weiter südlich, eine ernsthafte Bedrohung in ihrer Flanke zu entstehen. Im Gausdal, einem kleinen westlichen Seitental des Gudbrandsdals, lag seit den Kämpfen bei der Balberg-Stellung nördlich von Lillehammer die Kampfgruppe des norwegischen Obersten Thor Dahl. Kern dieser Truppe war das 1. Bataillon des Infanterieregiments Nr. 4 aus Akershus bei Oslo. Hinzu kamen zahlreiche weitere Einheiten, darunter auch schwere Artillerie. Um die Gefahr an seiner Flanke endgültig zu bannen, befahl Generalmajor Pellengahr am 27. April, die norwegischen Einheiten im Gausdal durch eine Zangenbewegung von Tretten und von Fåberg aus zur Kapitulation zu zwingen, was am 29. April 1940 geschah, als sich über 200 norwegische Offiziere und rund 3.000 Soldaten ergaben. Im Gausdal fielen den deutschen Soldaten umfangreiche Waffenbestände in die Hände, darunter neun Kanonen, die eine ernsthafte Bedrohung für die Flanke und den Nachschubweg der Division hätten bedeuten können.

Nachdem die Gefahr an der linken Flanke der Division beseitigt worden war, ging der Vormarsch durch das Gudbrandsdal in Richtung Otta weiter. Neben Dombås war auch Otta von strategischer Bedeutung, denn hier teilt sich das Tal. Nach Westen zieht sich das Ottadal bis zum Stryns- und Sognefjell hin. Hier finden sich zwei strategisch wichtige Pässe, die den Zugang nach Westnorwegen bilden. Beide Pässe waren aber im Frühjahr 1940 wegen des hohen Schnees noch blockiert.

Einige Kilometer südlich der Ortschaft Otta bei Bredebygden traf die deutsche Angriffsspitze am 28. April auf das 1. Bataillon der Green Howards, das sich als zäher Gegner erwies. Sowohl im Tal als auch angelehnt an die Fjellhänge war ein Netz von Maschinengewehrstellungen errichtet worden. Erst nach einem heftigen Feuergefecht konnten die Deutschen diesen Riegel überwinden. Das gleiche wiederholte sich wenige hundert Meter vor der Ortschaft Otta selbst. Wieder traf der Angriff auf ein gut getarntes Netz kleiner britischer Stellungen. Als auch Pellengahr in der vordersten Linie unter heftigen Beschuß geriet, übernahm er direkt vor Ort das Kommando. Er beorderte ein Artilleriegeschütz ganz nach vorn zum direkten Beschuß der feindlichen Stellungen, was den britischen Widerstand brach. In Otta hatte Oberst Hans-Georg von Zanthier das Kommando über die Kampfgruppe übernommen. Major Schäfer, der Ia der Division, der vor Lundehøgda vorläufig das Kommando über die Kampfgruppe für den erkrankten Oberst Laendle übernommen hatte, kehrte wieder in seine eigentliche Verwendung zurück.

Nachdem Otta gefallen war, brach der norwegische und britische Widerstand im nördlichen Gudbrandsdal völlig zusammen. Norwegische Einheiten waren schon bei Kvam und bei Otta nicht mehr im Einsatz gewesen. Nördlich von Otta bei Rosten mußten die Angreifer allerdings noch eine umfangreiche Sperre überwinden. Hier verengt sich das Tal auf nicht einmal hundert Meter. Auf der östlichen Talseite zwängt sich der Weg nach Norden an steil ansteigenden Felswänden teilweise unter überhängenden Felsvorsprüngen vorbei. Durch die enge Schlucht stürzt der Fluß Lågen. Auf der westlichen Seite der Schlucht schlängelt sich die Bahnlinie. Die Straße war durch Sprengungen unpassierbar gemacht worden. Hier stockte der deutsche Vormarsch erneut für einige Stunden. Als der Divisionskommandeur nach vorn kam, machte er seinem Kampfgruppenkommandeur Vorhaltungen, warum dieser keine Meldung über den Zustand des Weges nach hinten übermittelt hatte. Ein Übersetzen über die enge Schlucht kam aus Zeitgründen auch nicht in Frage. So ging die Fahrt zurück nach Otta, wo auf dem Bahnhof einige Draisinen beschlagnahmt wurden. Mit diesen ging die Fahrt auf den unzerstörten Bahngleisen in Richtung Norden. Zu seiner Verblüffung konnte Pellengahr feststellen, daß ein Eisenbahntunnel auf dem westlichen Ufer von den sich überstürzt zurückziehenden Briten und Norwegern nicht gesprengt worden war.

Hauptmann Gerlach, Chef der 2./Maschinengewehr-Bataillon 13, zusammen mit General Dietl. Das Bild wurde im Jahre 1941 aufgenommen.

Foto: Gudbrandsdal Krigsminnesamling

Zügig ging der Vormarsch weiter über die Bahnlinie in Richtung Dombås, das am 30. April gegen Mitternacht erreicht wurde, elf Tage nach der Kapitulation der letzten deutschen Fallschirmjäger. Hier in Dombås erhielt die Kradschützenkompanie des Maschinengewehrbataillons 13 den Auftrag, über das tiefverschneite Dovrefjell die Verbindung mit der rechten Kampfgruppe der 196. Infanteriedivision, die durch das Østerdal vorstieß, sowie mit der 168. Infanteriedivision südlich von Trondheim herzustellen.[101] Auf der Paßhöhe mußte der Weg für die Kräder durch den tiefen Schnee mit Infanteriespaten freigeschaufelt werden. Schließlich gelang es dem 2. Zug der Kompanie, Anschluß an die Kampfgruppe Trondheim zu gewinnen. Es darf mit Fug und Recht bezweifelt werden, ob die deutschen und britischen Einheiten bei den herrschenden Schneeverhältnissen überhaupt in der Lage gewesen wären, das Dovrefjell geschlossen zu überqueren. Lediglich die Norweger besaßen die erforderliche Winterausrüstung und Ausbildung, um das verschneite Fjell passieren zu können.

Unterdessen setzte die 196. Infanteriedivision den durch das Romsdal fliehenden Briten und Norwegern nach. Während sich allerdings die britischen Soldaten zurück auf ihre Truppentransporter einschiffen konnten, blieb den Resten der 2. norwegischen Division unter ihrem Kommandeur Generalmajor Hvinden Haug nichts anderes übrig, als am 1. Mai 1940 in Åndalsnes zu kapitulieren. Rund 2.500 norwegische Soldaten gerieten in deutsche Kriegsgefangenschaft. In Åndalsnes fiel den Angreifern umfangreiches britisches Kriegsmaterial in die Hände, das das überstürzt abziehende britische Expeditionskorps in der westnorwegischen Hafenstadt zurücklassen mußte.

Schon seit dem 9. April besaß die Luftwaffe die Luftherrschaft in Südostnorwegen. Die norwegischen Fliegerverbände blieb bei den Kämpfen in diesem Landesteil ohne Bedeutung und stellte keine ernsthafte Bedrohung für die deutsche Luftwaffe dar. Diese bombardierte vom 9. April an fast ununterbrochen strategisch wichtige Orte und Verkehrs- und Kommunikationslinien. Dabei gelangen ihr bedeutende Erfolge. Aus der Sicht der Luftwaffe war vielleicht der wichtigste die Vernichtung von 18 britischen »Gloster Gladiator« Jägern am 25. April auf dem zugefrorenen Lesjaskogs-See im nördlichen Gudbrandsdal, der kurzfristig zu einem Behelfsflugplatz umfunktioniert worden war, durch einen Bombenangriff. Die Maschinen waren vom Flugzeugträger Glorious vor der westnorwegischen Küste gestartet. Wären diese Jäger zum Einsatz gelangt, hätte die deutsche Luftherrschaft im nördlichen Gudbrandsdal in Frage gestellt sein können. Nach ihrer Landung auf dem zugefrorenen See waren die britischen Piloten von ihren norwegischen Kameraden darauf aufmerksam gemacht worden, wie wichtig es sei, unbedingt die Motoren warm zu halten – ein Ratschlag, den sie nicht befolgten. Als die deutschen Bomber nahten, versagten die Motoren prompt. Die britischen Jäger waren dem Angriff hilflos ausgeliefert und wurden auf dem Eis zerstört.

Allerdings darf auch über über die Qualität einiger Einsätze der Luftwaffe gestritten werden. Verantwortlich waren dafür in erster Linie Kompetenzstreitigkeiten, sich widersprechende Befehle und unklare Unterstellungsverhältnisse. So gelang es der Luftwaffe nicht, die bei Dombås kämpfenden Fallschirmjäger aus der Luft zu versorgen. Falkenhorst beschuldigte nach dem Krieg Göring, diese Unterstützung verweigert zu haben: »Dieser Mißerfolg lag einzig und allein daran, daß Reichsmarschall Göring den beabsichtigten Einsatz weiterer Kräfte verbot und die mir zur Verfügung gestellten Staffeln mitten im Verlauf der Operation aus Dänemark abberief und an die Westfront verlegte.«[102]

Auch die Unterstützung im Erdkampf blieb teilweise ohne Wirkung. So erschienen am 27. April drei Luftwaffenoffiziere aus Oslo bei Pellengahr,

Die beiden Divisionskommandeure Generalmajor Engelbrecht (links), 163. Infanteriedivision, und Generalmajor Pellengahr (Mitte), 196. Infanteriedivision, nach dem Abschluß der Kämpfe in Südnorwegen. Foto: Kristian Hosar

um ihm für den folgenden Tag Bomberunterstützung anzubieten. Dazu mußte allerdings vorher ein Ziel festgelegt werden. Da der Divisionskommandeur damit rechnete, zum vorgesehenen Zeitpunkt schon weiter in Richtung Norden vorgedrungen zu sein, war er an solch einer Unterstützung nicht sonderlich interessiert. Da die drei Luftwaffenoffiziere allerdings auf ihrem Angebot beharrten, wurde vereinbart, den Standort der Angriffsspitze durch Fliegertücher kenntlich zu machen. Über den Luftangriff am 28. April schrieb Pellengahr später: »Der Luftangriff erfolgte dann auch am 28. April , und zwar nicht zu der angenommenen frühen Stunde, sondern erst gegen 11 Uhr. Die Bomben fielen hoch auf den Bergen in dem Revier der Elche. Kaum daß wir überhaupt mehr als schwache Geräusche von den Detonationen ganz in der Ferne hörten.«[103]

Sowohl der Einsatz als auch die Qualität von Teilen der in Südostnorwegen eingesetzten britischen Expeditionsstreitkräfte ist nach dem Krieg von führenden Norwegern kritisch beurteilt worden. General Ruge bemängelte den britischen Einsatz bei Tretten: »Der Rückzug der Briten artete zu einer schlimmen Panik aus. [...] Es ist diese Panik bei Tretten, die die Grundlage für all das Gerede war, die britischen Truppen hätten in Südnorwegen schlecht gekämpft.«[104] An anderer Stelle urteilte Ruge: »Wir dürfen sie nicht verurteilen. Wir müssen beachten, daß es nur Landsturm war, reine Rekruten, mit einer noch kürzeren Ausbildung als unsere Soldaten, und ohne jegliches Kampftraining.«[105]

Der Journalist Birger Gootaas schrieb nach dem Krieg in seinen Erinnerungen: »Unter unseren Soldaten herrschte große Enttäuschung über die Briten bei Tretten, und ich hörte viele bittere Worte über sie.«[106] Auch Trygve Lie, später Außenminister der norwegischen Exilregierung in London und nach dem Krieg erster Generalsekretär der Vereinten Nationen, beurteilte nach dem Krieg die alliierte militärische Hilfe für Norwegen kritisch: »Uns war versprochen worden, daß alliierte Hilfe sofort und in voller Stärke kommen sollte. Aber zum einen dauerte es viel zu lange, bevor wir die ersten britischen oder französischen Truppen sahen; zum anderen waren diejenigen, die kamen, alles andere als erstklassig.«[107]

7.3. Die Stadt Kongsvinger und das Østerdal

Nachdem die 196. Infanteriedivision in zwei Kampfgruppen aufgeteilt worden war, übernahm Oberst Fischer als Kommandeur des Infanterieregiments 340 die östliche. Sein Auftrag lautete, die Stadt und Festung Kongsvinger einzunehmen und dann weiter in Richtung Elverum und durch das Østerdal auf Trondheim vorzustoßen. Im Gegensatz zur westlichen Route durch das Gudbrandsdal versperrte hier im Østerdal kein unüberwindliches Fjell oder Hochplateau den Weg nach Norden. Allerdings führen auch das Glommadal und das Østerdal durch eine schier endlose hügelige Waldlandschaft, die einem Verteidiger gute Möglichkeiten gibt, einen Vormarsch nachhaltig zu behindern.

Auf norwegischer Seite war das Infanterieregiment Nr. 5 unter Oberst Hiorth verantwortlich für die Verteidigung dieser Region. Das 2. Bataillon des Regiments war schon vor dem 9. April längere Zeit im Westen als Neutralitätswacht eingesetzt worden und wurde hier in die ersten Kämpfe verwickelt. Das 1. Bataillon sowie ein Landsturmbataillon wurden in Elverum mobilisiert. Hier an der Grenze zu Schweden meldeten sich besonders viele Freiwillige zu den Fahnen, darunter Norweger, die als Freiwillige am finnisch-sowjetischen Winterkrieg teilgenommen hatten und jetzt nach Norwegen zurückeilten, um der bedrängten Heimat zu helfen. Hinzu kamen viele schwedische Freiwillige, die entweder in provisorische norwegische Einheiten eingegliedert wurden oder aber selbst Freiwilligenverbände bildeten.

Oberst Fischer, Kommandeur des Infanterieregiments 340 und der Kampfgruppe Fischer, die am 30. April 1940 die von Hitler so vehement geforderte Landverbindung zwischen der Hauptstadt Oslo und Trondheim herstellte.

Foto: Kristian Hosar

Der deutsche Vormarsch von Oslo über Kjeller und Lillestrøm in Richtung Kongsvinger ging am 14. April zügig voran. Erst bei Skarnes, rund 60 km nordöstlich von Oslo, traf die Kampfgruppe Fischer auf den ersten ernsthaften norwegischen Widerstand. Darauf wurde der Vormarsch für diesen Tag eingestellt. Früh am nächsten Morgen teilte Fischer sein Bataillon. Drei Kompanien überquerten mittels einer unvollkommen zerstörten Brücke einen Seitenfluß der Glomma und versuchten, ihren Vormarsch auf Kongsvinger fortzusetzen. Eine Kompanie mit drei Infanteriegeschützen setzte auf das südliche Ufer über. Auf beiden Seiten des Flusses trafen die deutschen Soldaten auf hartnäckigen norwegischen Widerstand. Zudem behinderte dichtes Schneetreiben an diesem 15. April die Sicht. Als auch noch die Infanteriemunition zur Neige ging, drohte der deutsche Angriff vollständig zusammenzubrechen. Da brachte ein tollkühnes Stoßtruppunternehmen unter der Führung des Leutnants Kemmade den

Deutsche Soldaten befestigen die Vormarschstraße nördlich von Tynset im Østerdal nahe der schwedischen Grenze. Foto: Kristian Hosar

entscheidenden Durchbruch, als er bei Sander-Sundby das südliche Ufer erreichte und die dort hart bedrängte Kompanie entsetzte.[108] Dieser Vorstoß löste den norwegischen Rückzug aus. Bei den Kämpfen fielen acht Soldaten der Kampfgruppe Fischer, während 18 verwundet wurden. Jetzt mußte den völlig erschöpften deutschen Soldaten eine Pause gegönnt werden. Der Vormarsch auf Kongsvinger wurde erst am nächsten Tag fortgesetzt. Hier, auf der Festung, wo hartnäckiger Widerstand erfolgversprechend gewesen wäre, geschah nichts. Pellengahr konstatierte: »Das vorgelagerte moderne Fort, in dem sich neben regulären Truppen vor allem Freiwillige aufhielten, wurde von diesen fluchtartig in Richtung schwedische Grenze verlassen. Ein kleiner Teil und der Kommandant wurden gefangengenommen. Beutegut gering.«[109] Die Festung Kongsvinger, auf deutscher Seite als Schlüsselstellung auf dem Weg durch das Glommadal in Richtung Norden angesehen, fiel kampflos. Ohne lange zu verweilen, stieß die Kampfgruppe Fischer noch am gleichen Tag weiter nach Norden vor. Unzählige Baumsperren hinderten das Fortkommen. In Roverud auf dem östlichen Ufer der Glomma kam es zu regelrechten Straßen- und Häuserkämpfen zwischen norwegischen und deutschen Soldaten. Hier beteiligten sich auch norwegische Zivilisten an den Kampfhandlungen. Pellengahr schrieb: »Auch Zivilschützen beteiligten sich am Kampfe. acht Freischärler, die mit der Waffe in der Hand angetroffen wurden, mußten erschossen werden«.[110]

Nach dem schnellen Fall der Festung Kongsvinger leitete der norwegische Regimentskommandeur Oberst Hiorth schon den Rückzug seiner restlichen Einheiten aus Elverum ein. Er fürchtete einen kombinierten Angriff sowohl von der Kampfgruppe Fischer, die von Kongsvinger weiter zügig über Sørma nach Norden vorstieß, als auch von Teilen der Kampfgruppe Laendle, die nach dem Rückzug der 2. norwegischen Division aus Hamar ohne Probleme ostwärts über Midtskogen nach Elverum hätte vorstoßen können.

Eine norwegische Landsturmkompanie sowie ein Maschinengewehrzug erhielten den Befehl, bei Ørbekkdalen die Straße von Elverum über Trysil hin zur schwedischen Grenze zu sperren. Allerdings war die Kampfgruppe Fischer an dieser Straße überhaupt nicht interessiert. Nach wie vor galt der Befehl, so schnell wie möglich die Verbindung zur Gruppe Trondheim herzustellen. So wurde denn auch der Vormarsch durch das Østerdal auf die Ortschaften Åsta und Rena unverzüglich fortgesetzt, nachdem das am 11. April durch Luftangriffe völlig zerstörte Elverum am 20. April eingenommen worden war. 30 km nördlich von Elverum hatten die Norweger erneut eine Verteidigungsstellung errichtet. Unter dem Kommando von Major Sandvik standen je zwei Landsturmkompanien auf beiden Seiten des Flusses. Hinzu kam noch eine Maschinengewehrkompanie auf dem westlichen Ufer. Einige Kilometer weiter nördlich lagen das stark dezimierte Kongsvingerbataillon sowie eine Infanteriekompanie. Nachdem die deutsche Angriffsspitze die Lage erkundet hatte, erfolgte am 21. April gegen Mittag nach Artillerievorbereitung ein Frontalangriff auf die Verteidigungsstellung bei Åsta. Der Angriff war erfolgreich. Den norwegischen Verteidigern fehlten die Kräfte, um den Einbruch zu bereinigen. Dennoch gelang es den Verteidigern, sich geschlossen nach Rena zurückzuziehen. Dort teilt sich die Straße. Während ein Weg nach Nordwesten in Richtung Koppang führt, zweigt der andere erst in Richtung Osten ab, um dann nördlich über die Ortschaft Deset entlang des Sees Storsjøen auf Åsheim zuzulaufen.

Hier bei Rena wurde unter Hauptmann von Burstin eine motorisierte Vorausabteilung gebildet, die während der folgenden Tage die Hauptlast der Kämpfe im Østerdal trug. Den Kern dieser Abteilung bildete die erste Kompanie der Panzer-Abteilung z.b.V. 40 (ohne den ersten Zug) unter Burstins Befehl mit 18 leichten und einem schweren Panzer, die hier im Østerdal ihre volle Überlegenheit ausspielen konnten, da die norwegischen Verteidiger über keinerlei panzerbrechende Waffen verfügten. Weiter wurde die »Abteilung Kluge« des Regiments »General Göring«, bestehend aus einer Schützenkompanie, einer Kradschützenkompanie sowie einem Stabs- und Nachrichtenzug – alle unter dem Befehl von Hauptmann Kluge – der Vorausabteilung von Burstin unterstellt. Hinzu kamen noch zwei weitere Kompanien, die aber schon am 26. und 27. April wieder abgezogen wurden. Der Befehl, der am 23. April an die Vorausabteilung erging, lautete: »Die mot. Abt. v. Burstin stößt vor von Rena über Osa Bru, Deset, Sjöli, Andra, Strandvollen auf Aasheim. Es kommt zunächst darauf an, die Brücke am Nordende des Storsjøen zu gewinnen, bevor sie gesprengt wird und den Norwegern den Rückzug über Aasheim nach Norden abzuschneiden. Von Aasheim stößt die Abteilung auf Koppang vor, um [...] die Vormarschstraße für die Kampfgruppe Fischer zu öffnen.«[111] Dieser Befehl erwies sich als fast undurchführbar, nicht so sehr wegen des norwegischen Widerstandes, sondern wegen der äußerst schwierigen Straßenverhältnisse. Die durch das einsetzende Tauwetter ohnehin schon aufgeweichte Trasse wurde durch die vorrückenden Panzer dermaßen aufgewühlt, daß die Räder der folgenden Lastwagen einfach nicht mehr faßten. Viele Fahrzeuge blieben im Schlamm stecken und behinderten den weiteren Vormarsch. Auf Befehl von Oberst Fischer wurden Lastwagen, die nicht mehr fahrbereit gemacht werden konnten, über die Straßenböschung in den Storsjøen gekippt. Weite Strecken mußten die Soldaten ihre Fahrzeuge durch den Schlamm schieben, für einige sicher ein kleiner Vorgeschmack auf das, was später in der Sowjetunion auf sie zukommen sollte.

Am 24. April wurde die Kampfgruppe Fischer der Gruppe XXI in Oslo, das heißt dem deutschen Oberkommando in der norwegischen Hauptstadt direkt unterstellt. Pellengahr konnte beide Kampfgruppen nicht mehr gleichzeitig führen. Die Abstände waren zu groß geworden, und wegen des an der westnorwegischen Küste gelandeten britischen Expeditionskorps erwies sich seine ständige Anwesenheit im Gudbrandsdal als notwendig.

In der Nacht vom 24. auf den 25. April verlegte die gesamte Vorausabteilung von Burstin ohne weitere Zwischenfälle nach Tynset im nördlichen Østerdal. Die norwegischen Einheiten, die im Østerdal hinhaltenden Widerstand geleistet hatten, lösten sich nach und nach auf. Während eine Kompanie der Vorausabteilung unter Hauptmann Beierlein weiter in Richtung Nordosten auf die alte Bergbaustadt Røros vorstieß, die noch am gleichen Tag erreicht und besetzt wurde, schwenkten die übrigen Einheiten bei Tynset in Richtung Nordwesten ein, um über Ulsberg nach Berkåk in der Region Sør-Trøndelag zu gelangen. Hier lagen die Spitzen der 181. Infanteriedivision fest. Zuerst ging der Vormarsch weiter zügig voran. Bei der kleinen Siedlung Nåverdalen wurde der Vormarsch am

Mit dem einsetzenden Tauwetter im April verwandelten sich viele norwegische Wege in grundlose Morastlöcher wie hier im Østerdal nahe der schwedischen Grenze. Für einige Soldaten war dies ein kleiner Vorgeschmack auf das, was sie später in der Sowjetunion erleben sollten. Foto: Kristian Hosar

26. April jedoch abrupt gestoppt. Hier lag unter anderem das 3. Bataillon des Infanterieregiments Nr. 11 aus der Region Møre. (Das 2. Bataillon dieses Regiments war am 25. April im mittleren Gudbrandsdal bei Vinstra ins Fjell geflüchtet, als sich die deutsche Angriffsspitze näherte.) Die Mobilmachung des 3. Bataillons war am 23. April abgeschlossen worden. Von Dombås wurden die Kompanien des Bataillons über das Dovrefjell nach Ulsberg verlegt. Auch bei diesem Bataillon zeichnete sich schon vor dem ersten Einsatz Führungsschwäche auf mittlerer Ebene ab, als der Chef der 1. Kompanie während eines Bombenangriffs auf Dombås auf Nimmerwiedersehen verschwand.

Bei Nåverdalen, einige Kilometer südöstlich von Ulsberg, verschanzte sich das Bataillon und leistete der Vorausabteilung von Burstin zwei Tage erfolgreichen Widerstand. Die kleine Siedlung Nåverdalen, durch die die Vormarschstraße lief, liegt in einem Talkessel. Von den Höhen oberhalb der Ortschaft konnte die Straße hervorragend eingesehen und kontrolliert werden. Die Verteidiger hatten ein Netz von Maschinengewehrnestern angelegt, die nur sehr schwer auszumachen waren. Zudem trugen die norwegischen Soldaten zur Tarnung Schneehemden. Im Ort waren zwei Brücken über den Fluß Orkla gesprengt worden. Den vorrückenden deutschen Soldaten bot sich keinerlei Deckung, denn neben der Vormarschstraße lag der Schnee noch immer fast brusthoch. So mußte der Angriff am 26. April abends erfolglos abgebrochen werden. Den ganzen nächsten Tag wogte der Kampf hin und her. Auch unter dem Feuerschutz der Panzer gelang es den eingesetzten Pionieren nicht, die Brücken im Ort wieder passierbar zu machen. Ein Vorstoß der Kradschützenkompanie mußte wegen mangelnder Deckungsmöglichkeiten und starkem Feindfeuer abgebrochen werden. Auch die eingesetzten Panzer boten keinen ausreichenden Schutz für die Infanterie. So ging auch der 27. April ohne greifbares Ergebnis zu Ende. Jetzt entschloß sich der Kommandeur der Vorausabteilung, den Ort nachts im Handstreich zu besetzen und danach die Brücken durch die Pioniere in Stand setzen zu lassen. Gleichzeitig wurde die Kampfgruppe Fischer um die Abstellung von Infanteriegeschützen und schweren Granatwerfern gebeten. Zusätzlich sollte ein Luftangriff am nächsten Vormittag die Entscheidung bei Nåverdalen erzwingen. Der Handstreich verlief nur teilweise erfolgreich. Nåverdalen konnte am 28. April gegen 2.45 Uhr besetzt werden. Als aber die Norweger dies entdeckten, schlug den deutschen Soldaten frühmorgens ein mörderisches Abwehrfeuer entgegen. Insbesondere Soldaten der Schützenkompanie, die nicht schnell genug Deckung finden konnten, waren dem MG-Feuer ausgesetzt. Die Kompanie hatte erhebliche Verluste. Panzer mußten eingesetzt werden, um die Verwundeten und Gefallenen aus der Feuerzone zu bergen. Nach einem konzentrierten Feuerüberfall auf die erkannten norwegischen Stellungen in den steilen Hängen oberhalb von Nåverdalen begann am 28. April erneut der Angriff. Ein deutscher Luftangriff gegen 13 Uhr traf allerdings die eigenen Spitzen. Damit brach der Angriff erneut zusammen. Ein weiteres Bombardement eine Stunde später war erfolgreicher. Jetzt begannen sich die norwegischen Soldaten zurückzuziehen, was auf deutscher Seite allerdings erst gegen 22 Uhr abends bemerkt wurde, als sich bei erneutem Vorrücken der Angriffsspitze kein norwegischer Widerstand mehr regte. Nur noch Straßensperren und Sprengungen behinderten jetzt den Vormarsch auf Ulsberg. Die von Hitler so vehement geforderte Landverbindung zwischen Oslo und Trondheim war am 30. April gegen 11.45 Uhr hergestellt, als bei Berkåk eine Gruppe der Kradschützenkompanie unter der Führung von Leutnant Paulus auf die Radfahrerschwadron 222 der 181. Infanteriedivision traf.

Nachdem am 30. April die Meldung von der Vereinigung zwischen den Soldaten der Vorausabteilung von Burstin sowie der Gruppe Trondheim nach Berlin durchgegeben worden war, schrieb Generalmajor Alfred Jodl in sein

Vor der kleinen Ortschaft Nåverdalen im nördlichen Østerdal wurde die Vorausabteilung von Burstin zwei Tage in heftige Kämpfe verwickelt. Norwegische Zivilisten am Wegesrand als Zuschauer. Foto: Kristian Hosar

Tagebuch: »Um 13.55 kann ich dem Führer melden, daß die Landverbindung zwischen Oslo und Drontheim hergestellt ist. Führer ist außer sich vor Freude. Ich muß mittags neben ihm sitzen.«[112]

Sofort nach der Herstellung der Landverbindung zwischen Oslo und Trondheim wurde die Vorausabteilung von Burstin nach Süden auf die Ortschaft Oppdal angesetzt, um versprengten norwegischen Einheiten, die aus dem Gudbrandsdal über das Dovrefjell flohen, den Weg abzuschneiden. Von Oppdal drangen Kradschützen der Vorausabteilung über Sunndalsøra nach Westen bis in die Hafenstadt Kristiansund vor, die durch deutsche Bombenangriffe erheblich in Mitleidenschaft gezogen worden war. Und hier, etwas außerhalb der Stadt, wurden am 5. Mai die restlichen deutschen Fallschirmjäger, die sich nach fünftägigem Kampf am 19. April bei Dombås ergeben hatten, aus norwegischer Kriegsgefangenschaft befreit.[113] An diesem Tag wurde die Kampfgruppe Fischer auch wieder der 196. Infanteriedivision unter Generalmajor Pellengahr unterstellt. Insgesamt hatte die Vorausabteilung von Burstin seit dem 23. April fünf Gefallene und 23 Verwundete zu verzeichnen gehabt.[114]

7.4. Der Vorstoß westlich des Mjøsa-Sees

Für die Besetzung Oslos sowie die Ausweitung des Brückenkopfes in Richtung Westen und Nordwesten war die 163. Infanteriedivision unter ihrem Kommandeur Generalmajor Erwin Engelbrecht vorgesehen. Der General hatte sich mit Teilen seines Stabes an Bord der BLÜCHER befunden, die am frühen Morgen des 9. April im Oslofjord gesunken war. Schwimmend hatte sich der Divisionskommandeur an Land retten können. In einem requirierten Auto ging die Fahrt nach Oslo, wo der General bis zum Eintreffen von General der Infanterie von Falkenhorst am 10. April das Kommando übernahm.

Folgt man Falkenhorsts späteren Angaben, so ging es darum, den Brückenkopf um die Hauptstadt so schnell wie möglich auszudehnen: »Die militärische Lage ergab, daß rasches Handeln nun geboten war, um die durch die norweg. Mobilmachung im Zunehmen begriffenen Widerstände nicht größer werden zu lassen. Um im Rücken freie Hand zu haben, wurde Gen. Pellengahr mit der Befriedung des Raumes südostwärts Oslo beauftragt, Gen. Engelbrecht in nordwestl. Richtung (Hönefoss) angesetzt.«[115]

Wie alle anderen in Norwegen eingesetzten Divisionen war auch die 163. Infanteriedivision in der Anfangsphase der Invasion nur unvollständig versammelt. Bei Schiffsverlusten waren viele Soldaten ertrunken. Andere Einheiten der Division, wie das Artillerieregiment 234, wurden erst später auf den norwegischen Kriegsschauplatz verlegt. Andererseits wurden Teile anderer Divisionen kurzfristig nach Oslo umgeleitet und der 163. Infanteriedivision unterstellt. Dazu gehörte zum Beispiel das Infanterieregiment 236 der 69. Infanteriedivison, die in Bergen angelandet worden war.

Auch die 163. Infanteriedivision wurde in Kampfgruppen aufgeteilt. Die östliche Gruppe sollte entlang der Eisenbahnstrecke Oslo-Gjøvik auf der Westseite des Mjøsa-Sees nach Norden vorgehen. Die Kampfgruppe verfügte über drei Infanteriebataillone sowie verschiedene kleinere Einheiten, darunter auch Artillerie und Pioniere. Die westliche Gruppe unter Oberst Adloch sollte über die Stadt Hønefoss vorgehend die Landschaften Ringerike und Hadeland besetzen. Oberst Adloch waren das Infanterieregiment 236, ein weiteres Bataillon sowie verschiedene kleinere Einheiten zugeteilt.

Zwischen der Kampfgruppe Laendle (196. Infanteriedivision) und der Kampfgruppe Zanthier (163. Infanteriedivision) kam es zu einer engen Zusammenarbeit beim Vorstoß nördlich von Oslo. Beide Kampfgruppen stellten Einheiten ab, um den Raum südlich und westlich des Mjøsa-Sees zu erobern. Diese Einheiten wurden schließlich unter dem Kommando von Oberst Nickelmann zu einer eigenständigen Kampfgruppe zusammengefaßt.

Generalmajor Erwin Engelbrecht, Kommandeur der 163. Infanteriedivision, hatte bis zum Eintreffen von General von Falkenhorst am Nachmittag des 10. April 1940 das Kommando in der norwegischen Hauptstadt. Später leitete er die militärischen Operationen nordwestlich von Oslo.
Foto: Kristian Hosar

Den Einheiten der 163. Infanteriedivision standen die norwegischen Infanterieregimenter Nr. 4 und Nr. 5 gegenüber, die beide zur 2. norwegischen Division unter Generalmajor Haug gehörten. Kommandeur des Infanterieregiments Nr. 4 war Oberst Thor Dahl, dem wir schon bei den Kämpfen im Gausdal am 29. April begegnet sind, während Oberst Mork das Infanterieregiment Nr. 5 befehligte.

Am frühen Morgen des 9. April war der Befehl zur Mobilmachung beider Regimenter erteilt worden. Mobilmachungsplatz des 4. Regiments war Trandum, rund 60 km nördlich der Hauptstadt. Aufgrund ständiger deutscher Vorstöße zu Lande und in der Luft wurden die mobilisierten Einheiten des Regiments bereits am 11. April auf Befehl des norwegischen Generalstabes nach Toten am westlichen Ufer des Mjøsa-Sees verlegt. Der Befehl für Oberst Dahl lautete, den deutschen Vormarsch zwischen dem Mjøsa-See und dem Randsfjord aufzuhalten.

Trotz deutscher Luftangriffe auf den Mobilmachungsplatz Helgelandsmoen wenige Kilometer südlich der Kleinstadt Hönefoss konnten die zwei Feldbataillone sowie das Landsturmbataillon des Infanterieregiments Nr. 6 weitgehend nach Plan mobilisiert werden. Zusätzlich wurde in diesem Abschnitt ein Bataillon aus jungen Rekruten aufgestellt. Da sich in dieser Region sehr viele Freiwillige zu den Fahnen meldeten, konnten weitere Kompanien außerhalb der regulären Einheiten gebildet werden. Der Auftrag des Regiments lautete, den deutschen Vormarsch nach Nordwesten ins Landesinnere zu verhindern. Am 12. April führte Oberst Mork ein Telefongespräch mit dem eben ernannten Heereschef General Ruge, der von dem Regiment forderte, die Kleinstadt Hønefoss selbst um den Preis einer Zerstörung zu halten.[116] Da aber die norwegische Verteidigung im Raum Roa-Grua entlang der Bahnlinie Oslo-Gjøvik nicht besonders stark war, fürchtete der Regimentskommandeur einen deutschen Angriff auf Hønefoss von Roa aus, was die norwegischen Verteidiger in Hønefoss abgeschnitten hätte. So wurde die Stadt schon einen Tag später kampflos aufgegeben. Während sich das Gros des Regiments auf das Südende des Randsfjords zurückzog, sollte das Landsturmbataillon den Zugang zum

Ein deutscher Spähtrupp in der Nähe der Stadt Hønefoss, 50 km nordwestlich von Oslo. Notdürftig versuchten die Soldaten ihre Stahlhelme mit weißen Tüchern zu tarnen.
Foto: Kristian Hosar

Eine deutsche Einheit beim Vormarsch in der Landschaft Valdres.

Foto: Kristian Hosar

Ådalen sperren. Am 16. April begann ein deutscher Angriff auf breiter Front. Im Ådalen drängten Einheiten des Infanterieregiments 236 das norwegische Landsturmbataillon in zähen Kämpfen bis zur Ortschaft Bagn zurück, wo der deutsche Angriff vor einer massiven norwegischen Abwehrstellung vorläufig zum Erliegen kam.

Auch im Abschnitt Roa entlang der Bahnlinie Oslo-Roa hielten die norwegischen Verteidiger am 16. April dem deutschen Angriff stand. Als Oberst Mork jedoch die Meldung erreichte, daß weiter westlich bei Jevnaker der Zusammenbruch der Front drohte, befahl er am Abend des 16. April den Rückzug aller norwegischen Einheiten aus dem Abschnitt Roa. Hier hatten reguläre norwegische Einheiten den deutschen Angreifern getrotzt. Daß trotzdem der Befehl zum Rückzug kam, »löste große Enttäuschung unter [den] erschöpften Soldaten aus, die nichts verstanden. Sie hatten unter unendlichen Strapazen den Kampf gewonnen, und jetzt sollten sie sich zurückziehen. Kein Wunder, daß sie anfingen von ›Sabotage auf Seiten der Offiziere‹ zu reden.«[117] Oberst Mork wurde abgelöst und zum stellvertretenden Distriktskommandeur in Møre und Romsdal, weit weg von der Front, ernannt. Seine Einheiten, die sich im Rückzug auf Gjøvik und Dokka befanden, wurden Oberst Dahl unterstellt, der seine Sache allerdings auch nicht viel besser machte.

Auf deutscher Seite wurde das II./Gebirgsjägerregiment 138 unter dem Kommando von Major von Poncet der 163. Infanteriedivision unterstellt und neben anderen Einheiten gegen das norwegische Infanterieregiment Nr. 4 unter Oberst Dahl angesetzt. Ursprünglich hatte das Bataillon am 11. April per Eisenbahn nach Trondheim verlegt werden sollen. Allerdings mußte diese Operation bereits bei der Ortschaft Dal, rund 50 km nördlich von Oslo, abgebrochen werden, weil ein gesprengter Tunnel die Weiterfahrt verhindert hatte.[118]

Als das Bataillon am 15. April auf der Westseite des Mjøsa nach Norden vorstieß, traf es immer wieder auf hartnäckigen norwegischen Widerstand. Straßensperren wechselten sich mit gut getarnten Maschinengewehrnestern ab. Insbesondere die norwegische Artillerie bereitete den Angreifern Probleme: »Da wir keine schweren Waffen haben, um der gegnerischen Art. wirkungsvoll begegnen zu können, ziehen wir uns auf Befehl des Btl.Kdr. in die Ortschaft zurück.«[119] Trotz der relativ wirksamen und aussichtsreichen norwegischen Verteidigung in diesem Gebiet zog Oberst Dahl seine Einheiten zuerst auf die Stadt Gjøvik und dann weiter ins Gausdal, nordwestlich von Lillehammer, zurück. Er fürchtete, abgeschnitten zu werden, weil die Kampfgruppe Laendle der 196. Infanteriedivision erfolgreich auf dem Ostufer des Mjøsa-Sees auf die Städte Hamar und Lillehammer vorstieß.

Oberst Dahl war ein Artilleriebataillon unter Major Ringdal unterstellt. Zweimal machte der Major seinem Regimentskommandeur den Vorschlag, die vorrückende Kampfgruppe Laendle auf dem Ostufer des Mjøsa-Sees unter Feuer zu nehmen. Jedesmal lehnte Oberst Dahl den Vorschlag ab. Im Untersuchungsbericht von 1946 heißt es dazu: »Der Oberst ging davon aus, daß seine Artillerie, sobald sie sich verraten hätte, unter schädlichen Feindbeschuß geraten wäre.«[120]

Wie alle größeren Städte in Ostnorwegen wurde auch Gjøvik kampflos eingenommen. Dazu heißt es im Kriegstagebuch des Gebirgsjägerbataillons: »20. April: Um 05.00 Uhr früh marschieren wir in Gjövik ein. Die Stadt ist verlassen, an vielen Stellen sind Sandsackbarrikaden und Hindernisse aus Bänken und Gerät aufgestellt.«[121] Vom 21. bis zum 25. April blieb das Bataillon in Gjøvik. Dann wurde es der 196. Infanteriedivision unterstellt und nach Kvam im mittleren Gudbrandsdal beordert, wo es sich allerdings, wie geschildert, nicht besonders auszeichnete. Bis zum 24. April schien das deutsche Oberkommando in Oslo aber sehr zufrieden mit dem Verband zu sein. An diesem Tag wurden 16 E.K. II an die 163. Infanteriedivision verliehen, davon gingen 15 an das Gebirgsjägerbataillon.

Auf Befehl des norwegischen Oberkommandos waren in der Zeit vom 16. bis 19. April die meisten Kampfverbände der 4. norwegischen Division

Ein verwundeter Norweger ergibt sich nach einem Gefecht in der Landschaft Valdres. Foto: Kristian Hosar

aus dem Großraum um die westnorwegische Hafenstadt Bergen durch das Hallingdal nach Ostnorwegen in die Landschaft Valdres verlegt worden, nachdem deutsche Einheiten durch das Ådalen marschierten. General Ruge rechnete unterdessen damit, daß alliierte Einheiten nicht nur nördlich und südlich von Trondheim, sondern auch in der Nähe Bergens landen würden, um unter anderem die strategisch wichtige Eisenbahnlinie Bergen-Oslo zu schützen. So war nach seinen Planungen die 4. Brigade im Abschnitt Bergen entbehrlich. Diese Hoffnung sollte sich jedoch als Trugschluß erweisen. Die Briten kamen nicht nach Bergen.

Die westnorwegischen Einheiten wurden unter dem Kommando von Oberst Østbye als 4. Brigade zusammengefaßt. In Valdres war die Brigade über 4.000 Soldaten stark. Der Brigadekommandeur erhielt am 19. April vom norwegischen Oberkommando den Auftrag, die Ortschaften Bagn und Dokka in der Landschaft Valdres zu verteidigen sowie die Straßen zu

Der deutsche Vorstoß auf die Ortschaft Bagn in der Landschaft Valdres trifft am 21. April 1940 auf heftigen norwegischen Widerstand. Soldaten einer Radfahrerschwadron müssen hinter einem Panzer Deckung suchen. Foto: Kristian Hosar

beiden Seiten des Randsfjords zu sichern. Nach Konsolidierung der Lage sollte die Brigade auf Gjøvik vorstoßen, um so die Flanke der beiderseits des Mjøsa-Sees auf Lillehammer vorrückenden deutschen Kampfgruppen zu bedrohen. Zu diesem Zweck sollte sich die Brigade mit den Einheiten der Kampfgruppe Dahl im Abschnitt Gjøvik vereinigen.

Doch aus diesen Offensivplänen wurde nichts. Nachdem die Kampfgruppe Dahl in das nordwestlich von Lillehammer gelegene Gausdal abgedrängt und die Verlegung der 4. Brigade nach Valdres entdeckt worden war, setzte Falkenhorst die Kampfgruppe Adloch auf die 4. norwegische Brigade an. Auf deutscher Seite kämpften sich Einheiten des Infanterieregiments 236 durch das Ådalen auf die Ortschaft Bagn vor. Doch hier bei Bagn erlitt die Kampfgruppe Adloch eine Niederlage. Auch unter dem Einsatz schwerer Waffen gelang der Durchbruch nicht. Die norwegische Verteidigungslinie hielt. Norwegische Skitrupps waren zudem eine ständige Bedrohung für die deutsche Flanke. Als in der Nacht vom 21. auf den 22. April nach einem norwegischen Flankenangriff die Abschnürung ihrer Angriffsspitze drohte, zogen sich die Deutschen geschlossen wieder bis nach Hønefoss zurück, eine Strecke von fast 100 km. Falkenhorst fürchtete, in diesem Abschnitt die Initiative zu verlieren. Deshalb wurden in kürzester Zeit die deutschen Truppen umgruppiert. Erneut stießen sie durch das Ådalen auf Bagn vor. Gleichzeitig gingen andere deutsche Kräfte zu beiden Seiten des Randsfjords auf die Ortschaft Dokka vor, die den Eingang zum Etnedal bildet. Ein Vorstoß durch das Etnedal auf Bagn sollte die norwegischen Verteidiger zermürben. Tatsächlich kam es dort zwischen dem 20. und 26. April zu überaus heftigen Kämpfen, bei denen sich der norwegische Brigadekommandeur Oberst Østbye als umsichtiger und durchsetzungsfähiger Führer erwies.

Bei dem kleinen Dorf Høljerasten versteifte sich am 23. April der norwegische Widerstand. Hier lagen das 2. Bataillon des Infanterieregiments Nr. 9 sowie das 2. Bataillon des Infanterieregiments Nr. 10. Erst unter dem Einsatz von Panzern und Artillerie konnten die deutschen Einheiten hier die norwegischen Verteidiger zurückdrängen. Als Major L. Sæter, Kommandeur des 2. Bataillons/Infanterieregiment Nr. 10, am 24. April den Befehl zum Rückzug erteilte, verlor der Chef des Nachbarbataillons, Major Haanes, die Nerven und befahl ebenfalls den Rückzug. Nur das sofortige energische Eingreifen des Brigadekommandeurs verhinderte eine Panik unter den norwegischen Soldaten. Direkt an der Front enthob er die beiden Bataillonskommandeure ihrer Posten. Major Sæter wurde jedoch zwei

Eine deutsche Marschkolonne, wahrscheinlich in der Landschaft Valdres, nordwestlich von Oslo.
Foto: Kristian Hosar

Oberst Østbye, Kommandeur der 4. norwegischen Feldbrigade, verteidigte die Region Valdres nordwestlich von Oslo.
Foto: Dirk Levsen

Tage später wieder als Bataillonskommandeur eingesetzt. Nachdem Oberst Østbye die Lage stabilisiert hatte, zogen sich die norwegischen Einheiten relativ geordnet in die Gegend der Ortschaft Fagernes in Valdres zurück, wo noch bis Ende April gekämpft wurde.

Als sich nach den britischen Niederlagen bei Kvam und Otta im Gudbrandsdal abzeichnete, daß der Feldzug in Südnorwegen verloren war, wurde die 4. Brigade wieder Generalmajor Steffens in Westnorwegen unterstellt, ohne daß das jedoch noch Auswirkungen auf die militärische Situation im Hallingdal gehabt hätte. Am Nachmittag des 30. April beschloß der Brigadekommandeur Oberst Østbye zu kapitulieren. Rund 2.700 verbliebene norwegische Soldaten gingen in deutsche Gefangenschaft, aus der die meisten Anfang Juni 1940 wieder entlassen wurden.

Oberst Østbye war einer der wenigen hohen norwegischen Offiziere, der Führungsqualitäten bewies und sich auch nicht davor scheute, Offiziere, die versagten, unverzüglich von ihren Posten zu entfernen. Doch erhielt er für seine strikte Personalführung nach dem Krieg nur teilweise Unterstützung von der militärischen Untersuchungskommission: »Die Kommission meint, daß ein militärischer Befehlshaber sowohl die Pflicht als auch das Recht hat, Personal auszuwechseln, wenn er meint, daß diese die Anforderungen nicht erfüllen oder wenn die augenblickliche Situation es erfordert. Es scheint unterdessen so zu sein, daß Oberst Østbye die Neigung hat, zu impulsiv zu reagieren. Darum meint die Kommission darauf hinweisen zu können, daß der Oberst bei den wiederholten Absetzungen des Major Sæter als Chef des II/I.R.10 keine ausreichenden Kenntnisse über die Verhältnisse hatte, die er als Begründung für die Absetzung angab.«[122]

Die norwegischen Verluste im Ådalen und in Valdres betrugen 46 Gefallene sowie 237 Verwundete und Kranke. Hinzu kamen viele Leichtverwundete, die aber nur ambulanter Behandlung bedurften. Bei den Kämpfen im Ådalen und Etnedal hatte die Kampfgruppe Adloch relativ hohe Verluste zu verzeichnen. Allein das Infanterieregiment 236 meldete 78 Gefallene und mindestens 102 zum Teil schwer Verwundete.

7.5. Die Region Telemark

Am Morgen des 9. April 1940 hatte der Kommandeur des norwegischen Infanterieregiments Nr. 3, Oberst Einar Steen, aus dem Hauptquartier der 1. norwegischen Division den Befehl erhalten, unverzüglich die Mobilmachung seines Regiments in der Region Telemark durchzuführen. Innerhalb kurzer Zeit gelang es, neben dem 2. Bataillon auch ein Landsturmbataillon, eine Übungsabteilung sowie mehrere kleinere Einheiten zu mobilisieren. Das 1. Bataillon befand sich zu diesem Zeitpunkt in Kristiansand an der norwegischen Südküste zur Sicherung der norwegischen Neutralität. Insgesamt war das Infanterieregiment Nr. 3 rund 2.200 Mann stark. Nachdem der Befehl zur Mobilmachung des Regiments ergangen war, brach der Kontakt zum Divisionshauptquartier und zum Oberkommando des Heeres ab. Lediglich in der Nacht zum 11. April gelang es der Regimentsführung noch einmal, Telefonverbindung zum Oberkommando herzustellen. Da hieß es, daß keine besonderen Befehle für das Regiment vorlägen. Steen entschloß sich, westlich des Flusses Lågen eine Verteidigungslinie aufzubauen. Als sich am Abend des 12. April ein halbes Bataillon der 163. Infanteriedivision näherte, gab der norwegische Regimentskommandeur Befehl, die Truppen weiter nach Westen zurückzunehmen. Gleichzeitig schlug er vor, eine Demarkationslinie zwischen den deutschen Truppen und seinem Regiment zu ziehen. Dieser Vorschlag wurde von deutscher Seite abgelehnt. Statt dessen forderte der deutsche Kommandeur das Infanterieregiment Nr. 3 zur unverzüglichen Kapitulation auf und drohte bei einer Weigerung mit einem massiven Bombenangriff auf die Stadt Kongsberg. Nach einem Kriegsrat mit seinen Offizieren beurteilte Oberst Steen die militärische Lage in der Landschaft Telemark als hoffnungslos und kapitulierte am 13. April gegenüber den Deutschen, ohne daß es zu Kampfhandlungen gekommen war. Viele Soldaten des Regiments waren dem psychischen Druck nicht gewachsen und mußten sich krankmelden. Besonders prekär war die Lage bei der 6. Kompanie des 2. Bataillons. Das Gros dieser Einheit meldete sich mit nervlichen Problemen als kampfuntauglich.

Doch weckte die bedingungslose Kapitulation des Regiments bei anderen Soldaten Verbitterung. Ja, einige Soldaten weigerten sich, dem Befehl zur Kapitulation nachzukommen. Unter diesen Soldaten befand sich der Leutnant Thor Hannevig, der sich mit einigen anderen Offizieren und Soldaten auf beschlagnahmten Lastwagen nach Südwesten in Richtung Vinje absetzte. Unterwegs versorgte sich die Truppe mit Waffen und Munition aus verschiedenen Depots des Infanterieregiments Nr. 3. Bei der Ortschaft Vinje sammelte Hannevig seine Truppen. Gleichzeitig rekrutierte er neue Soldaten aus den umliegenden Dörfern und Ortschaften. Zeitweilig wuchs die Truppe auf bis zu 300 Soldaten. Durch überraschende Vorstöße und Überfälle bereitete diese Truppe dem deutschen Oberkommando in Oslo erhebliches Kopfzerbrechen. Ihre Stärke wurde zeitweilig auf über 1.500 Soldaten veranschlagt. Bis zum 5. Mai leistete Hannevig mit seinen Soldaten Widerstand. Damit hatte er gezeigt, daß es durchaus möglich war, in einer Landschaft, die einem Verteidiger hervorragende Möglichkeiten bot, den deutschen Truppen zu widerstehen, den deutschen Vormarsch erfolgreich zu behindern und starke gegnerische Verbände zu binden. In den Lageberichten hieß es dazu: »Rückw. Armeegebiet: Feindlicher Widerstand noch im Raum Vinje. Angriff wird morgen fortgesetzt.«[123] Doch Leutnant Hannevig hatte nicht nur gegen die deutschen Soldaten zu kämpfen. Auch das norwegische Oberkommando versuchte, sein eigenmächtiges Handeln zu unterbinden, indem es den Major Lowzow mit dem Auftrag entsandte, die Truppe des aufmüpfigen Leutnants aufzulösen. Die Reise des Major Lowzow war nach dem Krieg Gegenstand der militärischen Untersuchungskommission. Der Major wurde allerdings nicht belangt, da er nachweisen konnte, daß er auf Befehl gehandelt hatte.[124]

Bevor Leutnant Hannevig mit seinen letzten Soldaten kapitulierte, versäumte er es nicht, Waffen und Munition zu verstecken, die in den folgenden Jahren der Besatzungszeit den waffentechnischen Grundstock für den militärischen Widerstand in der Region Telemark bildeten.

7.6. Die Stadt Kristiansand und das Setesdal

Völlig chaotisch war die militärische Situation im Bereich der 3. norwegischen Division an der norwegischen Südküste. Auf Neutralitätswacht befanden sich hier das 1. Bataillon des Infanterieregiments Nr. 3 aus Telemark sowie verschiedene kleinere Einheiten. Außer der Übungsabteilung der 3. Division kamen alle anderen mobilisierten Einheiten aus anderen Landschaften Norwegens. Bereits vor dem Überfall begann der Divisionskommandeur, Generalmajor Liljedahl, auf eigene Faust und Verantwortung, auf gewisse beunruhigende Anzeichen einer bevorstehenden militärischen Aggression zu reagieren. Nachdem der deutsche Truppentransporter RIO DE JANEIRO an der norwegischen Südküste torpediert worden war, wurde eine Abteilung der Offiziersschule der 3. Division nach Lillesand beordert, um die überlebenden deutschen Soldaten zu internieren. Weiterhin wurde der Befehl erteilt, das Munitionslager auf dem Mobilisierungsplatz Evjemoen auszulagern, Sperren auf der Landebahn des Zivilflugplatzes Kristansand-Kjevik anzulegen und Brückenwachen einzuteilen. Als die Divisionsführung in der Nacht vom 8. auf den 9. April vom Eindringen feindlicher Kriegsschiffe in den Oslofjord erfuhr, gab Generalmajor Liljedahl den Befehl zur unverzüglichen Mobilmachung seiner Division, nachdem es ihm nicht gelungen war, telefonischen Kontakt mit dem Generalstab in der Hauptstadt herzustellen. Als dies schließlich gelang, mußte der norwegische General seinen Mobilmachungsbefehl wieder zurücknehmen, da in Oslo noch keine allgemeine Mobilmachung befohlen worden war. Durch dieses ständige Hin und Her wurden die Offiziere und Soldaten der Division verunsichert.

Kristiansand war bereits am Vormittag des 9. April fest in deutscher Hand, nachdem die Stadt von See aus beschossen und anschließend aus der Luft bombardiert worden war. Aus der Stadt bewegte sich ein endloser Strom von zivilen Flüchtlingen in Richtung Norden durch das Setesdal. In diesem Chaos versuchte der Divisionskommandeur am südlichen Taleingang bei Mosby und Kvarstein eine erste Verteidigungsstellung zu errichten. Der kampflose Rückzug der norwegischen Sicherungskräfte vom Flugplatz Kjevik löste jedoch eine Panik unter den anderen Einheiten aus. Eine Verteidigungsstellung nach der anderen wurde kampflos aufgegeben. Parolen wie »Die Deutschen kommen« und »Das gesamte Setesdal ist voll von deutschen Panzern« machten sowohl unter Zivilisten als auch Soldaten die Runde und trugen zum weiteren Zusammenbruch bei. Dabei hatte die deutsche Streitmacht, die am 9. April in Kristiansand an Land gesetzt wurde, anfangs eine Stärke von nicht mehr als einem Bataillon, das sich nur auf die Sicherung des Brückenkopfes beschränken sollte. Nachdem jedoch der Flugplatz Kjevik kampflos in deutsche Hände gefallen war, wurden die deutschen Einheiten in Südnorwegen rasch und effektiv verstärkt.

Entscheidende Bedeutung kam einem deutschen Infanterievorstoß am 12. April zu. Ein Stoßtrupp stieß auf eine norwegische Verteidigungsstellung bei Hægeland im Setesdal. Hier standen sich die deutschen und norwegischen Soldaten gegenüber, ohne daß ein einziger Schuß fiel. Verhandlungen wurden aufgenommen, die zur Vereinbarung eines Waffenstillstandes und zur Verabredung einer Demarkationslinie zwischen Angreifern und Verteidigern führte. Die Norweger nutzten die Pause, um ihre Kräfte neu zu gruppieren und mittlerweile mobilisierte Einheiten zu plazieren. Am Nachmittag des folgenden Tages erschienen plötzlich wieder deutsche Parlamentäre, die vom norwegischen Divisionschef die sofortige Kapitulation forderten. Darauf nahm Liljedahl Kontakt mit General Ruge auf, um weitere Instruktionen einzuholen. Anstatt konkreter Befehle erhielt der Divisionskommandeur nur die Order, so lange wie möglich auszuhalten. Bei einem weiteren Telefongespräch am nächsten Tag erfuhr Liljedahl, daß eine vollständige Kapitulation als schädlich für die Moral der übrigen, Widerstand leistenden norwegischen Einheiten, angesehen werde, und daß die Division versuchen sollte zu kämpfen. Im Falle einer Kapitulation sollten jedoch diejenigen Einheiten und Soldaten, die sich nicht ergeben wollten, versuchen, sich zu anderen Truppenteilen in West- oder Ostnorwegen durchzuschlagen.

Nach diesem Telefongespräch versammelte Generalmajor Liljedahl einige seiner Kommandeure um sich. Deren Berichte waren ziemlich pessimistisch. Viele Einheiten befanden sich am Rande des psychischen Zusammenbruchs. Alle Kommandeure sprachen sich während der Besprechung mit dem Divisionskommandeur dafür aus, weiter mit den Deutschen zu verhandeln und nicht zu kämpfen. Die Verhandlungen über eine Kapitulation der 3. norwegischen Division sollte der Kommandeur selbst in der Ortschaft Evje im Setesdal führen. Als er sich jedoch am Morgen des 15. April auf den Weg machte, fuhr er nicht nach Süden, sondern ging auf Skiern über das Fjell in Richtung Westen. Nachdem das Verschwinden des Generals bekanntgeworden war, ging das Kommando über die Division an Oberst Gladstad, den Kommandeur des Infanterieregiments Nr. 7. Allerdings erreichte die Division ein schriftlicher Befehl Generalmajor Liljedahls, in dem dieser dem Major Backer den Befehl über die Division übertrug. Dieser konnte jedoch nichts anderes mehr tun, als am frühen Nachmittag des 15. April in der Ortschaft Evje die Kapitulation der 3. norwegischen Division zu unterzeichnen. Mit ihm ergaben sich rund 2.000 norwegische Soldaten, die meisten von ihnen, ohne überhaupt einen einzigen Schuß gegen die Angreifer abgegeben zu haben.

Das Verhalten Generalmajor Liljedahls am 15. April 1940 ist von der militärischen Kommission nach dem Krieg genau untersucht und minutiös analysiert worden. Sein Verhalten wurde als so ernst empfunden, daß er von einem Kriegsgericht zu 60 Tagen Arrest verurteilt wurde.[125] Eine Minderheit des Gerichts plädierte sogar für eine Gefängnisstrafe von zwei Jahren. Dieses Kriegsgerichtsurteil war eines der härtesten, das überhaupt nach dem Krieg gegen einen ehemaligen norwegischen Kommandeur verhängt worden ist.

7.7. Die Stadt Bergen und das norwegische Westland

Zur Besetzung der norwegischen Westküste mit den Hafenstädten Stavanger und Bergen waren Teile der 69. Infanteriedivision unter Generalmajor Tittel vorgesehen. Die Stadt Stavanger gehörte zum Verteidigungsbereich der 3. norwegischen Division. Das Divisionshauptquartier lag in der südnorwegischen Hafenstadt Kristiansand.

Schon kurz nach Mitternacht vom 8. auf den 9. April war der Kommandeur des Infanterieregiments Nr. 8, Oberst Spørck, aus Oslo über Seegefechte im Oslofjord informiert worden. Gleichzeitig erging der Befehl an ihn, sein Regiment zu mobilisieren. Auf dem Papier sollte es über zwei Linienbataillone, ein Landsturmbataillon, eine motorisierte Maschinengewehrkompanie sowie verschiedene kleinere Einheiten verfügen. Aber noch bevor der Befehl zur Mobilmachung ausgeführt werden konnte, wurde er ohne Begründung widerrufen. Erst nachdem der Angriff auf die Hafenstadt Kristiansand, in der das Divisionshauptquartier lag, bestätigt worden war, erhielt Oberst Spørck die Weisung, nach eigenem Gutdünken zu mobilisieren und die Verteidigungsbereitschaft herzustellen. Es gelang ihm, ein Infanteriebataillon sowie einige kleinere Einheiten aufzustellen.

Von besonderer strategischer Bedeutung war der Flugplatz Sola in der Nähe von Stavanger. Wer diesen Flugplatz in der Hand hatte, konnte große Teile der Nordsee überwachen, feindlichen Schiffsverkehr empfindlich stören, den eigenen aber wirkungsvoll schützen. Am 9. April war ein norwegisches Bombergeschwader auf dem Flugplatz Sola stationiert, das anfangs den Auftrag hatte, deutsche Schiffe entlang der südnorwegischen Küste anzugreifen und norwegische Bodentruppen im Setesdal nördlich von Kristiansand zu unterstützen. Doch schon am frühen Morgen des 9. April wurde das Geschwader nach Ostnorwegen beordert. Der Flugplatz selbst wurde von zwei Zügen Infanterie sowie zurückgelassenem Bodenpersonal verteidigt. Als am Morgen des 9. April deutsche Fallschirmjäger über dem Flugplatz Sola absprangen, war die kleine norwegische Sicherungstruppe schon nach kurzer Zeit ausgeschaltet. Der strategisch so überaus wichtige Flugplatz fiel nahezu unbeschädigt in deutsche Hände. Noch im Laufe des Tages begann die Verlegung von zwei Bataillonen des Infanterieregiments 193 per Luftbrücke aus Dänemark in die südwestnorwegische Hafenstadt.

Als der Regimentskommandeur Oberst Spørck seinem Divisionskommandeur vorschlug, das Regiment nach Osten in Richtung Setesdal zurückzunehmen, wurde dies abgelehnt.[126] Statt dessen bekamen die norwegischen Soldaten den Befehl, ihre Stellungen auszubauen und Straßensperren anzulegen. Die nächsten beiden Tage vergingen ohne größere Zusammenstöße, während unablässig deutsche Truppen und Nachschub via Dänemark nach Sola überführt wurden. Am 12. April entschied Oberst Spørck, seine Einheiten auch ohne ausdrücklichen Befehl der Division nach Osten zu verlegen, wo er hoffte, mit norwegischen Einheiten, die sich durch das Setesdal in nördlicher Richtung zurückzogen, eine geschlossene Front aufbauen zu können. Der Kommandeur des 1. Bataillons, Major Brandt, verweigerte diesen Befehl und griff statt dessen die deutschen Einheiten zwischen Stavanger und Egersund an.[127] In diesem Gebiet kam es bis zum 22. April zu mehreren Scharmützeln und kleineren Gefechten, bis schließlich am 22. April die dort noch verbliebenen norwegischen Einheiten kapitulierten.

Am 7. April 1940 waren in Wilhelmshaven der Divisionsstab der 69. Infanteriedivision mit dem Divisionskommandeur an der Spitze, zwei Bataillonen des Infanterieregiments 159, zwei Kompanien des Pionierbataillons 169 sowie zwei Batterien Marineartillerie, insgesamt rund 1.900 Soldaten, auf den beiden Kreuzern KÖLN und KÖNIGSBERG sowie dem Artillerieschulschiff BREMSE eingeschifft worden. Ziel der Kriegsschiffgruppe 3 war die alte Hansestadt Bergen, wo die 4. norwegische Division unter Generalmajor Steffens ihr Hauptquartier hatte. Zweimal wurde die Kriegsschiffgruppe am 8. April von britischen U-Booten angegriffen, zweimal ohne Erfolg.

Die Hafenstadt Bergen war auf dem Papier durch eine imposante Festungsanlage gesichert. Die Festung Kvarven zum Beispiel verfügte über eine Batterie von drei Haubitzen, Kaliber 24 cm, eine Batterie von drei Kanonen, Kaliber 21 cm, sowie eine Torpedobatterie. Weiter konnte von der Festung Kvarven die Hafeneinfahrt durch eine Minensperre abgeriegelt werden, was aber nicht geschah. Wäre diese Festungsanlage in voller Verteidigungsbereitschaft gewesen, hätten die Invasoren hier in ernste Bedrängnis geraten können. Aber es fehlte an ausgebildeten Soldaten und nicht zuletzt an Munition. Die meisten der rund 600 norwegischen

Generalmajor Steffens, Kommandeur der 4. norwegischen Division, war für die Verteidigung des norwegischen Westlandes und der alten Hansestadt Bergen verantwortlich.
Foto: Dirk Levsen

Soldaten, die sich zum Dienst auf der Festung meldeten, hatten seit über 10 Jahren keine Wehrübungen absolviert. Als Rekruten hatten die meisten nur eine 48-tägige Grundausbildung absolviert. Wie effektiv die Festungsanlage bei einer gut ausgebildeten Besatzung hätte kämpfen können, zeigt die Tatsache, daß sowohl KÖNIGSBERG als auch BREMSE beim Einlaufen in den Hafen durch Artillerietreffer der Festungsgeschütze beschädigt wurden. Die norwegische Marine dagegen verfügte in Bergen nur über wenige kleine Überwachungsfahrzeuge, die einen Angreifer beim bestem Willen nicht aufhalten konnten.

Die Landung in Bergen in den frühen Morgenstunden des 9. April verlief ohne große Zwischenfälle. Norwegischen militärischen Widerstand in der Stadt gab es fast nicht. Die Festung Kvarven wurde gegen 6 Uhr in der Frühe von 160 deutschen Soldaten gestürmt. Im Kriegstagebuch der 69. Infanteriedivision heißt es: »8.00 Uhr: Bergen ist besetzt. Verhandlungen mit dem Oberbürgermeister und Presse führten zur Zusage einer loyalen Haltung.«[128] Schnell fanden sich Zivilisten, die die Landung der deutschen Truppen beobachteten: »Am Festungskai und im ganzen Hafen stand Zivilbevölkerung in Massen als Zuschauer.«[129] Mit dem Eintreffen der Kriegsschiffgruppe 3 in Bergen verließ der norwegische Divisionskommandeur mit seinem Stab die Stadt. Neuer Standort der 4. Division war die Kleinstadt Voss, rund 100 km nordöstlich von Bergen gelegen. Von hier aus erging auch der Befehl zur Mobilmachung der Division.

Unverzüglich begannen die gelandeten deutschen Truppen die Stadt Bergen zur Verteidigung herzurichten. Sowohl Generalmajor Tittel als auch Konteradmiral Hubert Schmundt, der neue deutsche Marinebefehlshaber in Bergen, rechneten mit Angriffen norwegischer und britischer Einheiten. Gleichzeitig waren sie sich darüber im klaren, daß die wenigen deutschen Soldaten einem konzentrierten norwegisch-britischen Angriff von See und Land her nur wenig entgegenzusetzen hatten. Als erstes wurde die Festung Kvarven unter deutscher Besatzung kampfbereit gemacht, um einen britischen Angriff von See her abwehren zu können. Tatsächlich hatte die britische Admiralität kurzfristig einen solchen Angriff erwogen, ihn dann aber in letzter Minute fallengelassen.[130] Auch Generalmajor Steffens hoffte inständig auf einen britischen Entlastungsangriff von See aus. Aber vorläufig geschah nichts. Unterdessen lief der Kreuzer KÖLN am 10. April wieder in Richtung Deutschland aus. Die Schäden der durch Artilleriebeschuß beschädigten KÖNIGSBERG und BREMSE erwiesen sich jedoch als so schwerwiegend, daß eine Rückfahrt vorerst nicht in Frage kam.

Am Vormittag des 10. April griff plötzlich die Royal Air Force mit 16 Flugzeugen den Hafen von Bergen an. Die KÖNIGSBERG erhielt zwei direkte Bombentreffer und kenterte gegen 11 Uhr vormittags. Der Kreuzer war das erste größere Kriegsschiff, das während des Zweiten Weltkrieges durch Fliegerbomben versenkt wurde. Beim Untergang verloren 16 deutsche Seeleute ihr Leben. Der Rest der Besatzung wurde sofort zur Verteidigung der Stadt eingeteilt. An eine systematische Ausweitung des Brückenkopfes Bergen nach Osten ins Landesinnere war mit den wenigen deutschen Einheiten vorerst jedoch nicht zu denken.

Vier deutsche Versorgungsschiffe sollten Bergen anlaufen. Das erste lief schon vor der schwedischen Küste auf Grund. Das zweite wurde torpediert. Das dritte lief auf eine Mine. Lediglich der Dampfer MARIE LEONHARDT erreichte am Abend des 10. April den Hafen von Bergen. Allerdings hatte die MARIE LEONHARDT zum größten Teil Transportmittel, darunter über 100 Pferde, geladen. Vorerst war dieses Material ohne große Bedeutung für die Invasoren.

Doch zum Erstaunen von Generalmajor Tittel geschah auch an den folgenden Tagen nichts. Die britische Flotte kam nicht. Die Norweger warteten auf die Briten, und die Deutschen warteten auf Norweger und Briten. Lediglich die Royal Air Force bombardierte jeden Tag den Hafen von Bergen. Dabei wurde am 14. April der Frachter BÄRENFELS getroffen, der Flugzeugbenzin in Tonnen geladen hatte. Als das Schiff in die Luft flog, wurden Teile der Hafenanlage schwer beschädigt.

Ermutigt durch die norwegische Passivität schickte die Division schon seit dem 11. April mehr oder weniger regelmäßig Stoßtrupps zur Aufklärung in Richtung Voss aus. Dabei kam es immer wieder zu Scharmützeln mit norwegischen Sicherungstruppen. Größere Gefechte gab es jedoch vorerst nicht.

Am 15. April wurde der Operationsbefehl für die 69. Infanteriedivision aktualisiert. Er lautete jetzt: »Hauptaufgabe der Div.: Sicherung Raum Bergen gegen engl. Landung, Vorstoß entlang der Bergenbahn. Unternehmen Voss für 18. oder 19. April 1940 geplant.«[131] Die Eisenbahnlinie Bergen-Oslo wurde auf beiden Seiten als strategisch wichtig betrachtet, stellte sie doch die Verbindung zwischen der Hauptstadt und der zweitgrößten Stadt Norwegens sicher.

Unterdessen wurde am 15. April östlich von Bergen die Mobilmachung der 4. Division abgeschlossen. Generalmajor Steffens standen jetzt vier Infanteriebataillone und ein Gebirgsartilleriebataillon zur Verfügung, insgesamt 518 Offiziere und 5.843 Mannschaften. Die Aufgaben der 4. Division umriß der norwegische Oberbefehlshaber General Ruge in einem Befehl folgendermaßen: »Mein Plan ist folgender: a) die Abteilungen auszubilden und zu üben, b) die Verteidigung des Westlandes im Abschnitt Voss so zu organisieren, daß dieses Gebiet eine starke militärische Burg für diesen Landesteil bildet, c) in die Offensive zu gehen, wenn die Zeit gekommen ist.«[132]

Doch schon einen Tag später wurde dieser Befehl widerrufen. In der Zeit vom 16. bis zum 19. April wurde das Gros der 4. Division von Voss aus in Richtung Numedal und Valdres in Ostnorwegen verlegt, wo Teile der 163. deutschen Infanteriedivision unter Generalmajor Engelbrecht auf dem Vormarsch waren. Insbesondere das Numedal war nach der übereilten Kapitulation der Infanterieregiments Nr. 3 in Kongsberg völlig ungeschützt. Von Kongsberg aus konnten deutsche Einheiten ungehindert durch das Numedal ins Hallingdal vorstoßen, um so die strategisch wichtige Eisenbahnlinie Oslo-Bergen zu bedrohen.

Nachdem der Befehl zur Truppenverlegung nach Osten an die 4. Division ergangen war, verblieben in Voss lediglich das 1. Bataillon des Infanterieregiments Nr. 9, eine Fahrradkompanie, die Ausbildungseinheit der 4. Division sowie einige kleinere Wach- und Freiwilligenverbände.

Als die Kämpfe rund um Stavanger zum Erliegen gekommen waren, wurden umgehend zwei deutsche Bataillone auf dem See- und Luftweg nach Bergen verlegt. Hier ging die 69. Infanteriedivision am 19. April daran, den Brückenkopf nach Osten ins Landesinnere auszuweiten. Dabei führte der erste Stoß direkt auf die etwa 60 km direkt östlich von Bergen am Hardangerfjord gelegene kleine Hafenstadt Norheimsund. Die norwegischen Verteidiger mußten sich am 23. April auf Eide am Ende des Hardangerfjords zurückziehen.

Der zweite deutsche Vorstoß führte am 20. April entlang der Bahnlinie Bergen-Oslo in Richtung Nordosten. Angriffsziel war der Ort Voss, in dem immer noch die Hauptstreitmacht der 4. Division vermutet wurde. Auf ihrem Rückzug aus Bergen hatten die norwegischen Truppen versucht, die Verbindungslinien zu zerstören, was aber nur unzureichend gelang. Norwegische Unternehmer erklärten sich bereit, die Strecke zu reparieren: »Die Herstellung der Bergenbahn bis Trengereid wird durch Privatfirmen innerhalb 8 Wochen zugesagt.«[133]

Entlang der Bahnlinie in Richtung Voss erwies sich der norwegische Widerstand jedoch als so hartnäckig, daß der Vorstoß schon einen Tag später wieder abgebrochen wurde. Jetzt wurde eine gemeinsame Operation aller Waffengattungen geplant, um die Ortschaft Voss zu erobern. Einheiten der Kriegsmarine landeten Heerestruppen bei Granvin im inneren Hardangerfjord an, die umgehend die 40 km in Richtung Norden auf Voss vorstießen. Die Luftwaffe erhielt den Befehl, den Ort mit dem Mobilmachungsplatz und Depot Bømoen pausenlos zu bombardieren, um die norwegischen Verteidiger zu zermürben, während gleichzeitig der Angriff der Heerestruppen entlang der Bahnstrecke wieder aufgenommen wurde. Im Lagebericht der Luftwaffe vom 23. April auf den 24. April 1940 heißt es: »Auf das Truppenlager Bømoen ostw. Voss und auf die Bahnlinie Voss-Bergen wurden Bomben geworfen. ... Im Truppenlager standen vier Gebäude in Flammen. Es wurden auf Bahnhof und Straßen in Voss Volltreffer erzielt.«[134]

In der Nacht vom 22. April auf den 23. April mußten sich die norwegischen Verteidiger auf den Ort Dale, rund 40 km westlich von Voss, zurückziehen, nachdem die Kriegsmarine im Veafjord nördlich von Bergen norwegische Stellungen bei Vaksdal und Stanghelle von See aus angegriffen hatte. Dem Kommandeur der 4. norwegischen Division, Generalmajor Steffens, war durchaus klar, daß er sich mit den wenigen ihm verbliebenen Einheiten nur begrenzt gegen die deutschen Truppen würde halten können, nachdem er das Gros seiner Kampfeinheiten nach Ostnorwegen hatte abgeben müssen. Deshalb erteilte er schon am Abend des 25. April den Befehl, die Verteidigung des Raumes Voss abzuwickeln. Vorrangiges Ziel sollte es weiterhin bleiben, die Bahnlinie Bergen-Oslo zu sperren, was aber nur kurzfristig gelang. Die restlichen norwegischen Soldaten sollten sich über die Fährstation Gudvangen auf das nördliche Ufer des Sognefjords zurückziehen, um dort reorganisiert zu werden.

In der Nacht vom 25. April auf den 26. April gegen 23 Uhr erreichte die deutsche Angriffsspitze Voss, das unter tagelangen Bombenangriffen zu leiden gehabt hatte: »Voss und Lager Bømoen sind durch eigene Flieger fast vollständig zerstört.«[135]

Nach der Einnahme von Voss ging der deutsche Vormarsch sofort weiter entlang der Bahnlinie in Richtung Osten. Am 30. April wurde der mehrere hundert Meter lange Myrdaltunnel unversehrt vom III./Infanterieregiment 193 genommen.

Generalmajor Steffens hat mit seiner Division nie formal gegenüber der 69. Infanteriedivision kapituliert, sondern seine ihm noch verbliebenen Soldaten demobilisiert und nach Hause geschickt. Diese Tatsache ging der deutschen Führung am 2. Mai auf, als einige norwegische Gefangene eingebracht wurden: »Gefangene demobilisierte Norweger sagen aus, daß ihnen am Abend des 1. Mai 1940 ein von General Steffensen unterschriebener schriftlicher Befehl vorgelesen sei: Inhalt: Da die englischen Truppen sich aus Andalsnes u. dem gesamten westlichen Norwegen zurückziehen, ist ein Widerstand der norwegischen Wehrmacht sinnlos geworden. Die Soldaten wurden mit 30 Kronen nach Hause geschickt.«[136]

Auffallend an den Schilderungen in den deutschen offiziellen und inoffiziellen Kriegstagebüchern ist die Tatsache, daß die Verbindungen beim Rückzug der Norweger nur unzureichend oder überhaupt nicht zerstört wurden. Wie gesehen, fiel der strategisch wichtige Myrdaltunnel den Invasoren unbeschädigt in die Hände. Am 8. Mai heißt es weiter im Kriegstagebuch der 69. Infanteriedivision: »Fernsprechverbindungen u. Straßen überall unzerstört.«[137] Auch Fabriken und Elektrizitätswerke, wie das Aluminium- und Kraftwerk bei Odda am Hardangerfjord, die einem zukünftigen Besatzer von großem Nutzen sein konnten, wurden nicht unbrauchbar gemacht oder gar zerstört.

Die Verbindung zwischen der 69. und 163. Infanteriedivision, die über das Hallingdal und das Numedal nach Westen vorgestoßen war, wurde am Abend des 3. Mai in dem Hochgebirgsort Ustaoset an der Bahnlinie Bergen-Oslo hergestellt, als dort die beiden Divisionskommandeure zusammentrafen. Damit war auch der Feldzug in Westnorwegen abgeschlossen.

8. Die Region Trøndelag

Der Region Trøndelag rund um die drittgrößte norwegische Stadt Trondheim wurde während des Feldzuges im Frühjahr 1940 sowohl auf deutscher als auch auf norwegisch-alliierter Seite große strategische Bedeutung beigemessen.

Trondheim war Zielhafen der Kriegsschiffgruppe 2, die aus dem schweren Kreuzer ADMIRAL HIPPER sowie vier Zerstörern bestand. An Bord der fünf Schiffe befanden sich Teile der 181. Infanteriedivision, jedoch ohne deren Kommandeur, Generalmajor Woytasch sowie Einheiten des Gebirgsjägerregiments 138, dessen Kommandeur, Oberst Wilhelm Weiß, der dienstgradhöchste deutsche Offizier war.

Schon am späten Nachmittag des 8. April befand sich der Verband auf der Höhe von Trondheim, wartete aber auf hoher See die Dunkelheit ab, um sich dann in Angriffsposition zu formieren. Zwei Zerstörer fuhren als Marsch- und U-Boot-Sicherung voraus. Dann folgte ADMIRAL HIPPER mit den beiden anderen Zerstörern in Kiellinie. Als die Kriegsschiffgruppe am 9. April gegen 3 Uhr die ersten Leuchtfeuer am Eingang zum weitläufigen Trondheimfjord passierte, erloschen diese plötzlich. Jetzt rechnete der Befehlshaber der Gruppe, Kapitän zur See Hellmuth Heye, mit norwegischen Gegenmaßnahmen.

Die Einfahrt zum inneren Trondheimfjord war durch die Festungsanlage Agdenes gesichert, die aus verschiedenen Küstenbatterien bestand. Als sich die deutschen Kriegsschiffe der Festung nährten, wurde eine Scheinwerfersperre über den Fjord gelegt. Heye ließ Funksprüche auf Englisch absetzten. So gelang es ihm, die Festungsbesatzung sowie einige norwegische Wachboote zu täuschen. Erst nachdem die deutschen Kriegsschiffe, jetzt mit dem Kreuzer an der Spitze, schon die inneren Batterien passiert hatten, eröffnete die Batterie Hysnes das Feuer, ohne jedoch Treffer zu erzielen. ADMIRAL HIPPER antwortete mit seinen Achtergeschützen, worauf die norwegische Batterie sofort das Feuer einstellte.

Der Durchbruch in den Trondheimfjord war erzwungen. Die deutschen Kriegsschiffe ankerten auf Reede ein bis zwei Kilometer vor Trondheim und begannen unverzüglich mit der Ausbootung der Heerestruppen. Ohne jegliche norwegische Gegenwehr besetzten die deutschen Soldaten strategisch wichtige Punkte in der Stadt. Als die Bewohner erwachten, war die Stadt bereits in deutscher Hand. Über die Besetzung Trondheims

Eine motorisierte deutsche Kolonne südlich von Trondheim. Die Brücke war, wie viele andere in Südnorwegen, von den Norwegern nicht gesprengt worden.

Foto: Kristian Hosar

schrieb ein Soldat im I./Gebirgsjägerregiment 138: »Die Stadt kapituliert ohne Schuß. Das Btl. wird in aller Ruhe ausgebootet. Die Munition, alles Gerät und die Waffen werden auf die Festung Kristiansten gebracht.«[138]

In Trondheim lag das Hauptquartier der 5. norwegischen Division unter dem Kommando von Generalmajor Laurantzon. Auf dem Papier gehörten drei Infanterieregimenter, ein Dragonerregiment sowie ein Artillerieregiment zur Division. Hinzu sollten zahlreiche weitere kleinere Einheiten kommen. Das Infanterieregiment Nr. 11 wurde allerdings schon in der Anfangsphase der Kämpfe der 2. Division unterstellt, um zusammen mit südnorwegischen und britischen Einheiten den deutschen Vorstoß durch das Gudbrandsdal auf Trondheim zu verhindern. Zwei weitere Bataillone der 5. Division befanden sich am 9. April als Neutralitätswacht in Nordnorwegen und kämpften dort unter dem Kommando von Generalmajor Fleischer.

Generalmajor Laurantzon war bereits am 9. April gegen 3 Uhr über das Einlaufen feindlicher Kriegsschiffe in den Trondheimfjord informiert worden. Auf einer eilig einberufenen Stabsbesprechung mit dem Kommandeur des Infanterieregiments Nr. 12, Oberst Frisvold, und dem Kommandeur des Feldartillerieregiments Nr. 3, Oberst Strugstad, erhielten diese sehr vage gehaltene Instruktionen von ihrem Divisionskommandeur, der sofort nach der Besprechung die Stadt in Richtung Norden verließ, vorgeblich, um weitere Einheiten der Division zu mobilisieren. Frisvold blieb unterdessen nichts anderes übrig, als im Beisein von Behördenvertretern die Stadt an die Deutschen unter Oberst Weiß zu übergeben. Militärischen Widerstand konnte er nicht leisten, denn in der Stadt befanden sich fast keine norwegischen Soldaten. Auf der Festung Kristiansten fielen den Okkupanten umfangreiche Waffenlager, darunter auch Kanonen, die nicht unbrauchbar gemacht worden waren, in die Hände. Besonders die norwegischen Artilleriegeschütze sollten sich bei der Ausweitung des Brückenkopfes als wertvoll erweisen, da nur ein Frachter der Transportstaffel Trondheim erreichte.

Nachdem Generalmajor Laurantzon am 9. April die Radioansprache Quislings gehört hatte, in der dieser seine Machtübernahme verkündet hatte, stoppte der Divisionskommandeur die Mobilmachung in seinem gesamten Abschnitt, was auch in den »Lageberichten« Erwähnung fand: »Landung in Drontheim durchgeführt. Norwegischer Div.Kdr. befahl, keinen Widerstand zu leisten.«[139] Am nächsten Morgen gab Generalmajor Laurantzon dem Kommandanten des strategisch wichtigen Flugplatzes

Eine Nachschubkolonne in Südnorwegen. Auch hier wurden in schwierigem Gelände Maultiere zum Transport von Verpflegung und Munition eingesetzt.

Foto: Kristian Hosar

Værnes, 30 km nordöstlich von Trondheim gelegen, den Befehl zur sofortigen Übergabe des Platzes. Im Laufe des Tages widerrief er jedoch seine Befehle und wollte jetzt den Kampf am nördlichen Ufer des Trondheimfjords bei der Ortschaft Steinkjer aufnehmen. Da war der Flugplatz Værnes allerdings schon in deutscher Hand. Jetzt hatten die Angreifer die Möglichkeit, auf dem Luftweg Verstärkungen nach Mittelnorwegen zu verlegen und die Luftherrschaft herzustellen.

Allerdings verhielten sich nicht alle norwegischen Soldaten in der Region Trøndelag so passiv wie der Divisionskommandeur. Zu den Soldaten, die den Kampf aufnahmen, gehörte der stellvertretende Kommandeur des Feldartillerieregiments Nr. 3, Major Reidar Holtermann. Am frühen Morgen des 9. April hatte er Trondheim verlassen und war nach Værnes gefahren. Hier befand sich nicht nur der strategisch wichtige Flugplatz, sondern auch der Mobilmachungsplatz des Artillerieregiments. Im Laufe des Tages versammelten sich hier 55 Soldaten des Regiments, mit denen der Major am Vormittag des 10. April in Richtung Stjørdal und schwedische Grenze abmarschierte. Unterwegs wurden weitere Freiwillige in die Truppe eingereiht, die schließlich eine Stärke von rund 200 Soldaten erreichte. Dieser improvisierten Artillerieabteilung mangelte es vorläufig an schweren Waffen, denn die Magazine des Regiments lagen in Trondheim, das schon am Morgen des 9. April besetzt worden war. Ziel Holtermanns und seiner Soldaten war die alte Festung Hegra. In den Jahren von 1907 bis 1910 gebaut, war die Festung eigentlich zur Grenzsicherung in Richtung Schweden gedacht gewesen. Jetzt verschanzten sich hier die norwegischen Soldaten und leisteten erfolgreich Widerstand gegen einen Feind, der von Trondheim aus nach Norden und nach Nordosten in Richtung schwedische Grenze vorstieß.

Als die deutsche Angriffsspitze am Morgen des 14. April Hegra erreichte, traf sie auf erbitterten norwegischen Widerstand. Erst der Einsatz von drei Kompanien brach den Widerstand in der Ortschaft. Doch dann setzte norwegisches Artilleriefeuer ein. In der Kriegsgeschichte des I./Gebirgsjägerregiment 138 heißt es dazu: »Jetzt beginnt der Feind mit Geschützfeuer aufzuhalten, das von der im Süden von Hegra gelegenen Höhe herunterkommt. Die Wirkung ist unbedeutend, doch lassen sich die Stellungen der fdl. Geschütze nicht erkennen.«[140] Nach einem Spähtruppunternehmen mußten die deutschen Soldaten erstaunt feststellen, daß sie auf eine bis dahin unbekannte Festung gestoßen waren, deren direkte Eroberung sich als unmöglich erwies: »Es stellt sich heraus, daß auf der Höhe, von der das Feuer kommt, eine Bergfestung liegt, deren genaue Lage und Stärke noch völlig unbekannt ist.«[141] Weder Stukaangriffe noch tagelanges Sturmschießen zeigten Wirkung. Im Gegenteil, es gelang der Fest-

Ein verwundeter Soldat wird auf dem norwegischen Kriegsschauplatz erstversorgt.
Foto: Kristian Hosar

ungsbesatzung, starke deutsche Kräfte zu binden und unter Druck zu setzen: »Das Btl. liegt vor der Festung im Tal in fast restlos vom Feind eingesehenen Gelände fest. Spätere Berichte von Norwegern, die zu dieser Zeit in der Festung saßen, bestätigten, daß tatsächlich jeder Schritt beobachtet wurde. Die Festung im Sturm zu nehmen wäre nur unter großen Verlusten möglich gewesen.«[142] Erst am 5. Mai kapitulierte Major Holtermann mit seiner improvisierten Truppe, nachdem auch in der Region Trøndelag der norwegische Widerstand erloschen war und auf der Festung die Verpflegung zur Neige ging. Fünfzehn norwegische Offiziere und 175 Unteroffiziere gingen in deutsche Gefangenschaft. Sechzehn Geschütze, 28 schwere Maschinengewehre, 1.000 Gewehre und große Mengen an Munition wurden erbeutet. Nach dem Krieg wurde Major Holtermanns Einsatzwille von der militärischen Untersuchungskommission ausdrücklich gelobt.

Auch südlich von Trondheim versteifte sich der norwegische Widerstand. Wieder waren es keine regulären norwegischen Einheiten, sondern Freiwilligenverbände, die sich auszeichneten. Insbesondere Studenten der Technischen Hochschule in Trondheim verließen nach dem 9. April die Stadt, um sich mit anderen Freiwilligen bei der Ortschaft Berkåk zu verschanzen. Kommandeur dieser unter dem Namen Berkåkbataillon in die norwegische Kriegsgeschichte eingegangenen Einheit war Major Odd Grundt. In den deutschen »Lageberichten« wurde der wachsende Widerstandswille südlich von Trondheim genau registriert. Am 11. April hieß es: »Drontheim-Gruppe: [...] Wehrfähige Bevölkerung sammelt sich außerhalb der Ortschaften. Stimmungsumschwung und neuer Widerstandswille zu erwarten.«[143] Einen Tag später waren die Angaben konkreter: »Drontheim: [...] Ältere Generation ruhig, jüngere Generation (Studenten und jüngere Wehrpflichtige) neigt zur Freischarbildung.« Auf jeden Fall läßt sich hier konstatieren, daß diese improvisierten norwegischen Einheiten südlich von Trondheim im Rahmen ihrer Möglichkeiten erfolgreich Widerstand leisteten, und das an zwei Fronten. Zum einen hielten sie den deutschen Vormarsch nach Süden auf. Gleichzeitig waren Einheiten des Bataillons auch an den Kämpfen bei der kleinen Ortschaft Nåverdalen beteiligt. Dort gelang es, die Vorausabteilung von Burstin Ende April einige Tage auf ihrem Vormarsch nach Norden aufzuhalten und somit die Vereinigung der deutschen Truppen zwischen Oslo und Trondheim hinauszuzögern.

Unterdessen versuchte der Divisionskommandeur Generalmajor Laurantzon bei der Ortschaft Steinkjer am nördlichen Ufer des Trondheimfjords die norwegische Verteidigung zu organisieren. Auf diese Weise wollte er verhindern, daß deutsche Truppen durch Landungen entlang des östlichen Fjordufers in den Rücken der Verteidiger fallen konnten. Diese Disposition ist von der militärischen Untersuchungskommission nach dem Krieg ausdrücklich anerkannt worden. Allerdings mangelte es dem General an persönlichen Führungsqualitäten und an Entschlußkraft, um die Verteidigung umsichtig zu leiten. Vor der militärischen Untersuchungskommission versuchte der General nach dem Krieg sein fahriges Verhalten damit zu entschuldigen, daß er schon in den Wochen vor dem Überfall völlig überarbeitet gewesen sei.[144] Auch den beiden Regimentskommandeuren Oberst Getz und Oberst Wettre fiel die eklatante Führungsschwäche ihres Divisionskommandeurs auf, der am 16. April von eben diesen beiden mehr oder weniger seines Postens enthoben wurde. Einen Tag später übernahm Oberst Getz das Kommando über die Einheiten nördlich von Trondheim, die jetzt unter dem Begriff 5. Brigade firmierten. Von der militärischen Untersuchungskommission mußte sich der General nach dem Krieg harte Kritik anhören. Neben dem Kommandeur der 3. Division, Generalmajor Liljedahl, wurde auch Generalmajor Laurantzon nach dem Krieg zu 60 Tagen Wacharrest verurteilt.

Oberst Getz setzte unterdessen alle seine Hoffnungen auf ein alliiertes Expeditionskorps, das Mitte April in Namsos in Nord-Trøndelag an Land gegangen war. Vergeblich hatte die deutsche Luftwaffe versucht, diese Lan-

Zwei gefallene deutsche Soldaten südlich von Trondheim, wo die 181. Infanteriedivision auf hartnäckigen norwegischen Widerstand stieß. Foto: Kristian Hosar

dung zu verhindern. Bei schweren Bombenangriffen wurde die Stadt Namsos völlig zerstört. Allerdings zeigte sich bei allen Operationen in Nord-Trøndelag, daß die deutsche Luftherrschaft, die durch die kampflose Inbesitznahme des Flugplatzes Værnes hergestellt worden war, von entscheidender Bedeutung war. Jetzt mußten die deutschen Flugzeuge nach ihren Angriffen nicht mehr über 500 km nach Oslo-Fornebu zurückkehren, um aufgetankt und aufmunitioniert zu werden.

Das alliierte Expeditionskorps setzte sich aus einem britischen Kontingent unter dem Kommando von Major General Sir Adrian Carton de Wiart und einem französischen Kontingent unter dem Kommando von General Maurice Audet zusammen. Bis zum 19. April waren drei britische Bataillone von Namsos bis nach Steinkjer am nördlichen Ufer des Trondheimfjords vorgerückt. Die Einheiten der 5. norwegischen Brigade wurden jetzt als Voraussicherung weiter nach Süden in Richtung Verdalsøra verlegt. Die Zusammenarbeit zwischen den alliierten und norwegischen Dienststellen war in diesem Teil Norwegens besonders schlecht. Oberst Getz und die übrigen norwegischen Offiziere wurden von den alliierten Kommandeuren aus Angst vor Verrat konsequent von allen alliierten Planungen und Entscheidungen ferngehalten.

Die Hafenstadt Namsos in Nord-Trøndelag wurde nach der Landung britischer und französischer Streitkräfte systematisch von der Luftwaffe bombardiert und zerstört.
Foto: Kristian Hosar

Unterdessen war am 20. April Generalmajor Woytasch, Kommandeur der 181. Infanteriedivision, auf dem Luftweg in Trondheim eingetroffen und hatte dort das Kommando übernommen. Noch am gleichen Tag wurde ein deutsches Kontingent auf Zerstörern und Fischkuttern im Rücken der norwegischen Voraussicherung zwischen Verdalsøra und Steinkjer an Land gesetzt, was zu erheblicher Verwirrung auf norwegisch-alliierter Seite führte. Nur durch einen überstürzten Rückzug nach Norden gelang es der 5. norwegischen Brigade, der drohenden Einkesselung zu entgehen. Einen Tag später sandte General Carton de Wiart ein Telegramm an das War Office in London, in dem er es als unmöglich darstellte, offensiv gegen Trondheim vorzugehen, so lange die Luftwaffe die uneingeschränkte Luftherrschaft in Nord-Trøndelag besaß. Zwei Tage später empfahl er der britischen Führung, das gesamte Unternehmen zur Rückeroberung Trondheims aufzugeben. Das War Office schloß sich dieser Einschätzung an. Am 28. April wurde der Befehl erteilt, die britischen Einheiten auf die Küste zurückzunehmen, wo sie sich zur Einschiffung bereithalten sollten. Ausdrücklich wurde befohlen, die Norweger von dieser Entscheidung nicht zu unterrichten.

Am 2. Mai begann die Evakuierung des alliierten Expeditionskorps aus Nord-Trøndelag. Bis zu diesem Tag hatte Oberst Getz, völlig ahnungslos über die alliierten Rückzugspläne, einen umfassenden norwegisch-alliierten Angriff zur Rückeroberung zuerst der Ortschaft Steinkjer und dann den weiteren Vormarsch auf Trondheim vorbereitet. So war der Oberst denn auch konsterniert, als er am späten Abend des 2. Mai jeweils einen Brief von den beiden alliierten Generälen erhielt. Der Brief General Carton de Wiarts hatte folgenden Wortlaut: »Lieber Oberst Getz! Zu meinem tiefsten Bedauern muß ich Ihnen mitteilen, daß wir dieses Gebiet verlassen müssen. Jeder von uns bedauert dies sehr. Wir lassen einen Teil des Materials zurück, von dem wir hoffen, daß Sie es in Gebrauch nehmen werden, und von dem ich weiß, daß es für Sie und Ihre tapferen Truppen von großem Wert sein wird. Wir haben nur einen Wunsch, nämlich daß wir zurückkehren können und Ihnen helfen können, Ihren Kampf zu einem glücklichen Ende zu bringen. Ihr verbundener Carton de Wiart.«[145] Der Brief des französischen Generals Audet lautete nicht viel anders.

Am Vormittag des 3. Mai informierte Oberst Getz das norwegische Oberkommando in Nordnorwegen vom Rückzug der Alliierten. Gleichzeitig machte er darauf aufmerksam, daß akuter Munitionsmangel ihn zur Kapitulation zwingen würde, sollte sich die Lage nicht noch unvorhergesehen verbessern. Eine solche Verbesserung aber trat nicht ein. Die noch verbliebenen Einheiten der 5. norwegischen Brigade kapitulierten am 4. Mai 1940. Damit waren Südnorwegen und Teile Mittelnorwegens in deutscher Hand.

9. Narvik

9.1. Die Errichtung des Brückenkopfes

Bereits am 6. April 1940 waren rund 2.000 Gebirgsjäger der 3. Gebirgsdivision unter dem Befehl von Generalmajor Eduard Dietl[146] in Wesermünde auf zehn Zerstörern eingeschifft worden. Das Ziel der Kriegsschiffgruppe 1 war der nordnorwegische Erzverladehafen Narvik. Der Auftrag der deutschen Soldaten lautete, die Stadt Narvik, den Mobilmachungsplatz Elvegardsmoen sowie die Ofotbahn in Richtung schwedische Grenze zu besetzen.

In Nordnorwegen war nach dem Ausbruch des finnisch-sowjetischen Krieges eine ständige Neutralitätswacht etabliert worden, um norwegische Wachsamkeit zu signalisieren. Allerdings war die Neutralitätswacht sofort nach der Unterzeichnung des finnisch-sowjetischen Waffenstillstandes am 13. März 1940 wieder deutlich verringert worden. Trotzdem waren Kampfbereitschaft und Ausbildung der meisten nordnorwegischen Einheiten wesentlich höher einzuschätzen als die der südnorwegischen. Allerdings war Narvik nur äußerst schwach gesichert. Hier lagen lediglich eine Kompanie des Infanterieregiments Nr. 13, eine Landsturmpionierkompanie sowie eine Maschinenkanonenbatterie.

Am 8. April 1940 gegen Mittag war der Kommandeur der 6. norwegischen Division, Generalmajor Fleischer, von der Regierung in Oslo per Telegramm über die gespannte militärische Situation informiert worden. Ohne auf einen expliziten Befehl aus der Hauptstadt zu warten, ordnete der Divisionskommandeur noch am Abend die Mobilmachung des Altabataillons sowie des 1. und 2. Bataillons des Infanterieregiments Nr. 16 an. Ebenfalls am Abend des 8. April 1940 erhielt Fregattenkapitän Per Askim in Narvik vom kommandierenden Admiral eine Meldung, daß mit einem deutschen Angriff auf Narvik im Laufe der Nacht gerechnet werden müsse.

Nach den alarmierenden Meldungen machte das alte Panzerschiff EIDSVOLD Dampf auf, um sich vor die Hafeneinfahrt von Narvik zu legen, während das andere Panzerschiff NORGE am Kai in Narvik liegen blieb. Um 3.20 Uhr funkte das Vorpostenboot KELT, daß deutsche Zerstörer bei extrem schlechtem Wetter den Eingang zum Ofotfjord in Richtung Narvik passiert hatten.

Generalmajor Fleischer, Kommandeur der 6. norwegischen Division, war für die Verteidigung Nordnorwegens verantwortlich. Er war der fähigste norwegische Divionskommandeur.
Foto: Dirk Levsen

Zwei Zerstörer waren zu diesem Zeitpunkt schon am Eingang des Ofotfjordes aus dem Verband ausgeschieden, um Küstenbefestigungen, die bei Ramnes und Havnes vermutet wurden, auszuschalten. Hier allerdings war der deutsche Nachrichtendienst Fehlinformationen aufgesessen. Der Bau der Küstenbefestigungen war zwar Anfang der zwanziger Jahre begonnen, aber nie abgeschlossen worden. Nach ihrer Landung suchten zwei deutsche Sturmabteilungen stundenlang bei heftigem Schneetreiben nach den Batterien, fanden aber nichts. Diese Fehlinformationen hatten einige Tage später fatale Folgen, als britische Kriegsschiffe ungehindert in den Fjord eindrangen. Auf deutscher Seite waren die vermeintlichen Küstenbefestigungen in die Verteidigung gegen einen alliierten Gegenangriff eingeplant gewesen.

Wenig später meldete der Kommandant der EIDSVOLD, daß ein deutscher Parlamentär an Bord gekommen war, um die Übergabe des Schiffes zu fordern. Der Kommandant der EIDSVOLD, Fregattenkapitän Willoch, lehnte dieses Ansinnen ab. Daraufhin wurde ein Torpedofächer auf das über 40 Jahre alte Panzerschiff abgefeuert. Wahrscheinlich wurde eine der Munitionskammern getroffen, denn das Schiff flog sofort in die Luft. Dabei verloren 186 Besatzungsmitglieder ihr Leben. Das Panzerschiff NORGE eröffnete gegen 4.45 Uhr das Feuer auf zwei deutsche Zerstörer, als diese in die Hafeneinfahrt von Narvik eindrangen. Die deutschen Schiffe erwiderten das Feuer und schossen zudem drei Torpedofächer auf das am Kai vertäut liegende norwegische Kriegsschiff ab. Ein Volltreffer mittschiffs ließ das Schiff nach wenigen Minuten kentern. Hier ertranken 109 norwegische Seeleute. Nach dem Ausschalten dieser beiden Kriegsschiffe legte als erster der Zerstörer BERND VON ARNIM ungehindert an der Pier in Narvik an. In kurzen Abständen folgten jetzt die übrigen deutschen Kriegsschiffe.

Ortskommandant von Narvik war Oberst Konrad Sundlo, der die Stadt unmittelbar nach der deutschen Landung kampflos übergab. Sundlo (1881–1965) war schon seit 1933 Mitglied von Vidkun Quislings »Nasjonal Samling« gewesen. Nach der norwegischen Kapitulation am 10. Juni 1940 machte Sundlo politische Karriere im besetzten Norwegen und war unter anderem »fylkesmann« (Regierungspräsident) in den Regionen Akershus, Sogn und Fjordane. Aktiv warb er dabei für einen Einsatz junger Norweger in der Waffen-SS. Nach dem Krieg war unter anderem sein Verhalten am 9. April 1940 Gegenstand einer Untersuchung. Er wurde nach dem Krieg zu einer lebenslangen Freiheitsstrafe verurteilt und 1952 begnadigt. Ausschlaggebend für dieses Urteil war allerdings nicht seine Untätigkeit am 9. April 1940, sondern sein aktives Wirken als Nationalsozialist während der Besatzungszeit.[147]

Gegen 5 Uhr rief Oberst Sundlo seinen Divisionskommandeur an, der sich zu diesem Zeitpunkt weiter nördlich in Vadsø befand, und gab ihm einen Überblick über die militärische Lage in Narvik und Umgebung. Dabei empfahl der Oberst, den militärischen Widerstand wegen der Überlegenheit der gelandeten deutschen Truppen einzustellen. Generalmajor Fleischer gab jedoch den Befehl, augenblicklich jeglichen Kontakt mit den Deutschen abzubrechen und den Kampf aufzunehmen. Als Oberst Sundlo zögerte, übertrug der Divisionskommandeur das Kommando an Major Omdal, der zudem den Befehl erhielt, den kampfunwilligen Ortskommandanten zu verhaften.[148] Über 200 norwegische Soldaten verließen darauf unter den Augen der gelandeten Gebirgsjäger die Stadt und zogen sich nach Osten auf Djupvik zurück, wo eine erste Verteidigungslinie aufgebaut wurde. Hier hielten sich die norwegischen Truppen bis zum 16. April, als sie einem deutschen Angriff weichen mußten. Das Gros der norwegischen Soldaten trat nach Schweden über, während Major Omdal mit seinem Stab in deutsche Gefangenschaft geriet.

Zeitgleich mit Narvik war der Mobilisierungsplatz Elvegårdsmoen bei Bjerkvik besetzt worden. Hier fielen den Gebirgsjägern umfangreiche Bestände an Waffen, Munition, Ausrüstung und Bekleidung in die Hände, die später auch zur Ausstattung jener deutschen Marinesoldaten dienten, die nach der Versenkung ihrer Zerstörer an Land eingesetzt wurden.[149]

Noch am 9. April beschloß die norwegische Divisionsführung, das 1. Bataillon des Infanterieregiments Nr. 12 aus der Finnmark weiter südlich in die Gegend von Narvik zu verlegen. Gleichzeitig verblieben aber norwegische Einheiten an der russisch-norwegischen Grenze, um einem möglichen Angriff von dort abwehren zu können. Nach den Ereignissen in Polen und im Baltikum im Herbst 1939 trauten die norwegische Regierung und die Militärführung den Sowjets nicht.

Als seine vordringlichste Aufgabe sah es Generalmajor Fleischer an, eine Ausweitung des deutschen Brückenkopfes über Narvik und Elvegårdsmoen hinaus zu verhindern. Endliches Ziel war es, die Stadt zurückzuerobern. Trotz der Besetzung des Mobilmachungsplatzes Elvegardsmoen gelang es Generalmajor Fleischer, die 6. Feldbrigade aufzustellen, die am 24. April zum Angriff auf Narvik bereitstand.

Die norwegischen Luftstreitkräfte in diesem Landesteil waren mehr als bescheiden. Der 6. norwegischen Division unterstellt waren die Hålogaland Flugabteilung mit sechs Fokker-Maschinen sowie die 3. Marinefliegerabteilung mit drei Heinkel-Torpedoflugzeugen, denen es allerdings an Torpedos mangelte. Hinzu kamen einige leichte Aufklärungs- und Kurierflugzeuge.

Bereits am 10. April gegen 5.30 Uhr griffen britische Seestreitkräfte im Hafen von Narvik liegende deutsche Zerstörer an. Dabei erhielt der Zerstörer WILHELM HEIDKAMP einen Torpedotreffer im Achterschiff. Der gesamte Stab des Führers der Zerstörer mit Kommodore Friedrich Bonte an der Spitze fiel bei diesem Angriff. Deutsche Zerstörer, die zum Gegenangriff übergingen, versenkten zwei britische Kriegsschiffe. Nach dem britischen Angriff war nur noch die Hälfte der deutschen Zerstörer einsatzbereit. Zwei lagen im Hafen von Narvik auf Grund, während drei weitere beschädigt und nicht mehr seetüchtig waren. Am Abend des 10. April gegen 20 Uhr liefen die unbeschädigten Zerstörer aus, um den Rückmarsch nach Süden anzutreten, mußten dieses Unternehmen aber schon am Eingang des Ofotfjordes wieder abbrechen, weil starke britische Seestreitkräfte die Ausfahrt blockierten. Damit saßen die deutschen Schiffe in der Falle. Es blieb ihnen nichts anderes übrig, als nach Narvik zurückzulaufen.

An Land wurde indes in fieberhafter Eile versucht, Verteidigungsbereitschaft herzustellen. Waffen, die in den norwegischen Depots gefunden worden waren, wurden verteilt. Kanonen britischer Handelsschiffe, die noch im Hafen von Narvik lagen, wurden demontiert und an Land in Stellung gebracht.

In der Nacht vom 10. April auf den 11. April führte Oberleutnant Obersteiner ein Spähtruppunternehmen an den Ausgang des Ofotfjordes. Dabei wurden die Soldaten Zeugen, wie die zwei für die Kriegsschiffgruppe 1 bestimmten Tanker im äußeren Ofotfjord von britischen Zerstörern versenkt wurden. Bei seiner Rückkehr nach Narvik konnte der Oberleutnant zudem bekräftigen, daß am Eingang des Fjords tatsächlich keinerlei Befestigungswerke existierten.[150] Am späten Vormittag des 11. April wurde ein Eisenbahnzug in Richtung schwedische Grenze bereitgestellt, um festzustellen, ob die Strecke noch befahrbar war. Elf Kilometer vor der Grenze war die Fahrt beendet, als zerstörte Gleise die Weiterfahrt behinderten

Nach dem massiven Angriff am 10. April rechnete die deutsche Divisionsführung mit weiteren Angriffen britischer Seestreitkräfte, doch sowohl am 11. als auch am 12. April geschah nichts. Erst am 13. April gegen 9 Uhr wurden britische und französische Kriegsschiffe im Anmarsch auf Narvik gemeldet. Sofort wurden alle Verteidigungsstellungen in der Stadt besetzt und das Divisionshauptquartier aus dem Hotel Royal in eine Siedlung östlich oberhalb der Stadt verlegt. Die noch einsatzfähigen deutschen Zerstörer stellten sich dem Kampf, hatten aber keine Chance. Entweder wurden sie versenkt oder versenkten sich selbst, nachdem die Munition verschossen war. Am Abend des 13. April existierte die Kriegsschiffgruppe 1 nicht mehr.

Um einen alliierten Landungsversuch zur Besetzung der Ofotbahn weiter nordöstlich im Rombakenfjord zu verhindern, wurde das I./Gebirgsjägerregiment 139 unter Major von Schleebrügge aus seiner Stellung in Narvik abgezogen und zur Sicherung der Ofotbahn gegen den Rombakenfjord eingesetzt. Nachdem die letzten deutschen Zerstörer versenkt worden waren, beschoß das britische Schlachtschiff WARSPITE deutsche Stellungen in Narvik von See aus, allerdings ohne große Wirkung. Laut Kriegstagebuch der 3. Gebirgsdivision gab es hierbei keine deutschen Gefallenen.[151]

9.2. Führungskrise in Berlin

Nach dem Verlust aller deutschen Zerstörer in Narvik brach in Berlin Panik aus. Am 14. April notierte Jodl in seinem Kriegstagebuch: »Aufregung fürchterlich.«[152] Hitler verlor die Nerven und forderte in völliger Verkennung der geographischen Situation in Nordnorwegen, daß Dietl sich mit

Deutscher Leichter Kreuzer NÜRNBERG vor Narvik. Foto: Ernst Mößinger

seinen Gebirgsjägern und den jetzt an Land eingesetzten Zerstörerbesatzungen nach Süden durchschlagen sollte. Zeitweilig forderte Hitler auch, die deutschen Soldaten mit Transportflugzeugen aus Narvik abzuholen. Eine solche Operation hätte mit Sicherheit zu schweren Verlusten der Luftwaffe geführt, denn im Gegensatz zu Südnorwegen besaß die Luftwaffe keine Luftherrschaft in den nördlichen Landesteilen. Zudem gab es rund um die Stadt keinen Flugplatz, der für den Abtransport hätte genutzt werden können. Erst recht unverständlich wirkt die Forderung Hitlers vor dem Hintergrund des Verlustes von zehn Ju 52-Transportmaschinen, die am 13. April 1940 eine Batterie des Gebirgsjägerartillerieregiments 112 in die Nähe von Narvik gebracht hatten. Die Maschinen waren gegen 10.30 Uhr auf dem zugefrorenen Hartvig-See nördlich von Elvegårdsmoen gelandet, konnten aber wegen plötzlich einsetzendem Tauwetters nicht wieder starten und mußten schließlich aufgegeben werden.[153]

Völlig außer Kontrolle schien die Situation in Berlin am 15. April zu geraten, nachdem eine verstärkte britische Brigade unter dem Befehl von Generalmajor Pierce Joseph Mackesy in der Hafenstadt Harstad, die nur 50 Kilometer Luftlinie nordwestlich von Narvik liegt, gelandet war. In dieser Situation war es vermutlich Oberstleutnant von Loßberg aus dem Wehrmachtführungsstab, der aus deutscher Sicht das gesamte Unternehmen

SCHARNHORST in norwegischen Gewässern. Foto: Ernst Mößinger

in Nordnorwegen rettete. Am 18. April 1940 sollte er nachmittags einen von Generaloberst Wilhelm Keitel handschriftlich aufgesetzten Führerbefehl an Generalmajor Dietl in Narvik überbringen. Danach sollten die deutschen Truppen nach Schweden übertreten, um sich dort internieren zu lassen. Statt den Befehl auszuführen, fuhr der Oberstleutnant in die Reichskanzlei, wo er nach seinen eigenen Worten Keitel und Jodl in »recht niedergedrückter Stimmung« vorfand.[154] Folgende Meldung will er an seine Vorgesetzten erstattet haben: »Ich melde pflichtgemäß, daß ich diesen unmöglichen Funkspruch weder aufgegeben habe noch aufgeben werde. Die Lage bietet keinen Anlass, so etwas zu befehlen. Die oberste Beratung des Fuehrers befindet sich augenscheinlich in einer Nervenkrise, wie 1914 in den schlimmsten Tagen der Marneschlacht.«[155] Statt den Oberstleutnant wegen Insubordination zur Rechenschaft zu ziehen, gab ihm Jodl bis zum Abend Zeit, um die Situation zu retten. Loßberg fuhr daraufhin zu Generaloberst von Brauchitsch, dem Oberbefehlshaber des Heeres, und bat ihn, bei Hitler direkt zu intervenieren. Nach Loßbergs Bericht lehnte der Generaloberst das Ansinnen mit den Worten ab: »Mit dem Norwegenfeldzug habe ich nichts zu tun. Falkenhorst und mit ihm Dietl unterstehen dem Führer direkt, und in diese Schwatzbude (die Reichskanzlei) fahre ich freiwillig unter keinen Umständen.«[156] Allerdings gelang es dem

Oberstleutnant, die Zustimmung des Generalobersten für einen Funkspruch an Dietl, der gerade mit Wirkung vom 20. April 1940 zum Generalleutnant befördert worden war, zu erlangen: »Gratuliere zur Beförderung. Ich vertraue fest darauf, daß Sie Ihren für Deutschland so wichtigen Posten in jeder Lage bis zum letzten Mann verteidigen werden. von Brauchitsch.«[157]

Nachdem sich die Lage in Berlin wieder etwas beruhigt hatte, wurde der Hauptmann Schenk von Sternburg mit einer persönlichen Weisung Hitlers an Dietl in Marsch gesetzt. Am 22. April landete der Kurier vormittags bei starkem Schneetreiben mit einem Wasserflugzeug im Beisfjord südlich von Narvik.

In dem Brief wies Hitler auf einen zu erwartenden alliierten Gegenangriff auf Narvik hin, dem Dietl auf Dauer nicht würde standhalten können.[158] Mit weiteren Verstärkungen sei nicht zu rechnen. Dietls Aufgabe sei es, die Stadt so lange wie möglich zu verteidigen und alliierte Landungsversuche zu verhindern. Gleichzeitig sollte die Zerstörung der gesamten Infrastruktur des Hafens, der Stadt und ihrer Umgebung vorbereitet werden. Sollte die militärische Lage in und um die Stadt unhaltbar werden, befahl Hitler den Rückzug entlang der Erzbahn in Richtung schwedische Grenze.

Die von Hitler befohlenen Maßnahmen zur Zerstörung der Erzverladeeinrichtungen im Hafen wurden unverzüglich in die Tat umgesetzt. Große Holzkonstruktionen an den Piers wurden in Brand gesteckt und die Kaianlagen zur Sprengung vorbereitet. Sowohl in der Nacht vom 22. auf den 23. April 1940 als auch den ganzen folgenden Tag wurden Verladeeinrichtungen abgebrannt oder gesprengt. Allerdings mußte diese Aktion wegen Sprengstoffmangels am Abend des 23. April vorläufig eingestellt werden.[159]

9.3. Norwegisch-alliierte Gegenmaßnahmen

Unterdessen hatte Generalmajor Fleischer starke norwegische Einheiten der 6. Feldbrigade, darunter das 1. Bataillon des Infanterieregiments Nr. 12, das 2. Bataillon des Infanterieregiments Nr. 15, das 1. Bataillon des Infanterieregiments Nr. 16 sowie das Altabataillon in der Nähe von Salangen, rund 50 Kilometer nördlich von Narvik zusammengezogen. Der Plan des norwegischen Kommandeurs sah vor, die deutschen Stellungen bei Gratangen im Morgengrauen des 24. April 1940 anzugreifen. Als Rückendeckung der norwegischen Einheiten dienten zwei Kompanien der Scots Guards, die aber vorläufig nicht offensiv eingesetzt werden durften.[160]

Gleichzeitig sollten britische Seestreitkräfte zum direkten Angriff auf Narvik ansetzen und nach Möglichkeit Truppen anlanden.

Anfangs erzielten die norwegischen Heeresverbände bei heftigem Schneesturm Geländegewinne. Als aber in den Angriffsabschnitten des 2. Bataillons des Infanterieregiments Nr. 15 sowie des 1. Bataillons des Infanterieregiments Nr. 16 der Vormarsch ins Stocken geriet und schließlich ganz eingestellt wurde, geriet das 1. Bataillon des Infanterieregiments Nr. 12 unter Major Bøckmann in eine exponierte Stellung und mußte ebenfalls zurückgenommen werden. Gleichzeitig wurde das Altabataillon, das bislang als Eingreifreserve gedient hatte, zur Sicherung nach Süden beordert.

Nach den Kämpfen im tiefen, nassen Schnee waren die Soldaten des 1. Bataillons des Infanterieregiments Nr. 12 völlig erschöpft. Im Gratangdalen sollte sich die Einheit sammeln und ausruhen. Doch dazu kam es nicht. Überraschend gingen deutsche Einheiten am frühen Morgen des 25. April zum Gegenangriff über. Major Bøckmann schrieb später in seinem Bericht: »Am 25. April gegen 5.00 Uhr wurde das Bataillon frontal und in der rechten Flanke angegriffen. Später wurde das Feuer auch von der Höhe beim Gratangen Touristhotel auf das Bataillon eröffnet.«[161] 29 Soldaten des Bataillons fielen, darunter zwei Kompaniechefs. 73 Soldaten wurden zum Teil schwer verwundet; 170 Soldaten gerieten in Gefangenschaft.

Das Altabataillon vernahm zwar den Gefechtslärm, glaubte aber, daß sich das norwegische Bataillon im Angriff befände. Eine Verbindung zwischen beiden Einheiten existierte nicht. So ist denn diese Katastrophe auch auf die schlechten Fernmeldeverbindungen zurückzuführen, mit denen die norwegische Führung zu kämpfen hatten. Der direkte Angriff britischer Seestreitkräfte auf Narvik blieb ohne Wirkung. Auch wurden keine Truppen angelandet.

Trotz des Fiaskos im Gratangendal hielt der norwegische Druck auf die deutschen Stellungen an. Nach dem Einsatz von Artillerie konnten norwegische Einheiten am 27. April die strategisch wichtige Höhe 509 südlich von Gratangen einnehmen. Jetzt wurden die norwegischen Streitkräfte umgruppiert, und es wurde mit der 7. eine zusätzliche Feldbrigade gebildet.

Ebenfalls am 27. April landete ein britisches Bataillon ohne große deutsche Gegenwehr am südlichen Ufer des Ofotfjordes rund 30 Kilometer westlich von Narvik. Das Ziel war klar. Die Stadt sollte in einer Zangenbewegung norwegischer und alliierter Einheiten zurückerobert werden. Neben den britischen Heereseinheiten landeten Ende April unter dem Kommando des französichen Generals Antoine Marie Béthouart auch drei Bataillone französischer Alpenjäger, zwei Bataillone Fremdenlegionäre

Ju 52 transportieren Fallschirmjäger nach Narvik, die Dietls Gebirgsjäger unterstützen sollten. Einige der Fallschirmjäger waren schon bei Dombås im nördlichen Gudbrandsdal im Einsatz gewesen. Foto: Ernst Mößinger

sowie vier polnische Bataillone. Damit war der Krieg in Nordnorwegen endgültig eine Angelegenheit aller europäischen kriegführenden Mächte. Jetzt kämpften weit über 30.000 norwegische und alliierte Soldaten gegen 2.000 deutsche Gebirgsjäger sowie die im Erdkampf eingesetzten Zerstörerbesatzungen. Hinzu kamen bis Ende Mai 1940 rund 1.000 deutsche Fallschirmjäger, die zur Verstärkung über dem Kampfgebiet absprangen, und rund 300 Soldaten, die auf deutschen Druck hin durch Schweden nach Narvik verlegt werden konnten.

Nach dem Abschluß der Kämpfe in Südnorwegen konzentrierte sich das Interesse der Weltöffentlichkeit für wenige Tage ganz auf das Kampfgeschehen in und um Narvik. Am 30. April landeten französische Einheiten bei Foldvik und am Ende des Gratangenfjords, um auf Bjerkvik am Ende des Ofotfjords vorzugehen. Doch die französischen Soldaten waren ungenügend ausgerüstet. Die Deutschen leisteten energischen Widerstand, und der französische Angriff wurde gestoppt. In dieser Situation vereinbarte General Béthouart mit dem britischen Oberbefehlshaber Generalmajor Macksey, der im übrigen Mitte Mai 1940 durch Lieutenant-General Claude Auchinleck abgelöst wurde, bei Bjerkvik Truppen im Rücken der deutschen Verteidiger zu landen. Erneut wurden die Norweger über

Fallschirmjäger in unwegsamem Gelände bei Narvik.

Foto: Ernst Mößinger

diese alliierten Planungen vorerst nicht informiert. Wieder zeigte sich, wie schon in Südnorwegen, daß die Kommunikation zwischen den norwegischen und alliierten Dienststellen schlecht war.

Nach der norwegischen Kapitulation in Südnorwegen war unterdessen die gesamte norwegische Staatsführung mit König Håkon VII. an der Spitze am 1. Mai in der nordnorwegischen Hafenstadt Tromsø, nördlich von Narvik, eingetroffen. Ihnen folgte am 3. Mai General Ruge mit dem norwegischen Heeresgeneralstab. Zwischen den Generalen Ruge und Fleischer kam es sehr schnell zu Meinungsverschiedenheiten über die Kriegführung in Nordnorwegen, denn der Kommandeur der 6. norwegischen Division war nicht geneigt, sich in seine Dispositionen hineinkommandieren zu lassen. Diese Spannungen verstärkten sich noch, nachdem die Regierung am 18. Mai 1940, also während der Kämpfe um Narvik, ein gemeinsames Oberkommando (norwegisch: Forsvarets Overkommando) für alle Waffengattungen mit General Ruge an der Spitze einsetzte. Fleischer fühlte sich übergangen. In seinen Memoiren erhob er später schwere Vorwürfe gegen seinen Kontrahenten, dem er unter anderem vorwarf, Briefe und Berichte der 6. Division an die Regierung zurückgehalten zu haben.[162] Auf der anderen Seite tat General Ruge wenig, um das Verhältnis zu Generalmajor Fleischer zu verbessern. Ob hier auch Neid von Ruges Seite aus eine Rolle gespielt haben mag, ist schwer zu beurteilen. Unbestreitbar ist, daß Fleischer militärisch der weitaus energischste und erfolgreichste norwegische General während des gesamten Feldzuges gewesen ist.

Unterdessen hatte sich die strategische Lage in Mitteleuropa dramatisch verändert, nachdem am 10. Mai 1940 Frankreich und die Benelux-Länder angegriffen worden waren. Auf deutscher Seite übertraf der schnelle Vormarsch in Westeuropa alle Erwartungen. Am 20. Mai erreichten die ersten deutschen Divisionen die Kanalküste. In London hatte Winston Churchill Chamberlain als Premierminister abgelöst. Natürlich hatten alle diese Ereignisse entscheidenden Einfluß auf die militärische Situation in Nordnorwegen.

Erst einmal aber landeten französische Soldaten in der Nacht zum 13. Mai nach intensivem Beschuß von See aus in Bjerkvik am Ende des Ofotfjordes, um in den Rücken der deutschen Verteidigungslinie zu gelangen. Während des Angriffes wurde die Ortschaft in Schutt und Asche gelegt, und 14 Zivilisten verloren ihr Leben. Tatsächlich veranlaßte diese Landung den deutschen Rückzug ins Fjell nördlich und östlich von Narvik. Jetzt war es nur noch eine Frage der Zeit, wann Narvik fallen würde.

Der direkte Angriff auf die Stadt wurde schließlich in der Nacht zum 28. Mai 1940 von zwei Bataillonen der Fremdenlegion und dem 2. Bataillon des norwegischen Infanterieregiments Nr. 15 vorgetragen.[163] Feuerunterstützung erhielten diese Einheiten durch ein französisches Artilleriebataillon sowie eine norwegische Gebirgsbatterie. Die Alliierten verfügten zudem über zwei Jagdstaffeln mit Gladiator- und Hurricane-Jägern, die vom eilig hergerichteten Flugplatz Bardufoss, nördlich von Narvik, operierten.

Generalleutnant Dietls Truppen leisteten erbitterten Widerstand. Deutsche Bomber versuchten den Angriff zu stoppen – vergeblich. Am Nachmittag des 28. Mai 1940 war Narvik wieder in norwegisch-alliierter Hand. Kein Zweifel, hier erlitten Hitler und die Wehrmacht ihre erste schwere Niederlage während des Zweiten Weltkrieges. Die deutschen Gebirgsjäger zogen sich unterdessen entlang der Ofotbahn ins Bjørnefjell nahe der schwedischen Grenze zurück. Angesichts der norwegisch-alliierten Übermacht schien es nur noch eine Frage der Zeit zu sein, wann Dietl mit seinen Soldaten kapitulieren oder nach Schweden übertreten mußte, um sich dort internieren zu lassen.

Von Trondheim aus war unterdessen ein eigentlich unmögliches Unternehmen gestartet worden, um Dietl in Nordnorwegen zu entsetzen. Unmöglich deshalb, weil entlang der gesamten Strecke nach wie vor mit britisch-norwegischem Widerstand gerechnet werden mußte. Zudem war die Vormarschstraße wegen des einsetzenden Tauwetters eine einzige Schlammpiste, und ab der Ortschaft Fauske gab es überhaupt keinen Weg mehr, sondern nur noch Gebirge. Einheiten der 2. Gebirgsdivision unter Generalmajor Feurstein, die Anfang Mai nach Norwegen verlegt worden waren, sollten auf dem Landweg versuchen, das 900 Kilometer weiter nördlich gelegene Narvik zu erreichen. Der Deckname des Unternehmens lautete »Büffel«. Von Fauske aus machten sich schließlich rund 2.500 Gebirgsjäger auf den Weg durch das Fjell in Richtung Narvik.[164] Als die Soldaten am 8. Juni 1940 die Ortschaft Hellemobotn, auf halbem Weg nach Narvik gelegen, erreichten, erfuhren sie, daß sich die Alliierten aus Nordnorwegen zurückgezogen hatten, Narvik wieder in deutscher Hand war und die norwegische Kapitulation unmittelbar bevorstand. Es darf sehr bezweifelt werden, ob die Soldaten der 2. Gebirgsdivision nach ihrem Gewaltmarsch über das Fjell wirklich noch dazu in der Lage gewesen wären, den Kampf gegen die überlegenen norwegischen und alliierten Einheiten aufzunehmen, wenn die Alliierten sich nicht zurückgezogen hätten, zumal die Gebirgsjäger über keine schweren Waffen verfügten.

Fallschirmjäger, Gebirgsjäger sowie an Land eingesetzte Marinesoldaten der bei Narvik versenkten Zerstörer. Foto: Ernst Mößinger

Das völlig zerstörte Narvik nach dem Ende der Kämpfe. Foto: Ernst Mößinger

Was hatte nun den Umschwung zu Gunsten Dietls auf dem nordnorwegischen Kriegsschauplatz bewirkt? Es war die aussichtslose Lage der Alliierten in Westeuropa. Schon am 26. Mai 1940, also zwei Tage vor der norwegisch-alliierten Rückeroberung von Narvik, war der Oberbefehlshaber der alliierten Landstreitkräfte in Nordnorwegen, General Béthouart, über den Beschluß der britischen Regierung informiert worden, das alliierte Expeditionskorps so schnell wie möglich aus Nordnorwegen zu evakuieren. Weder die norwegische Regierung noch das norwegische Oberkommando wurden unterrichtet. Ja, nach der Rückeroberung Narviks sprach General Béthouart Generalmajor Fleischer am 30. Mai 1940, als der alliierte Rückzug schon längst beschlossene Sache war, in einem Brief sogar noch seine Glückwünsche zur Rückeroberung der Stadt und zum Einsatz der norwegischen Soldaten aus, um dann hinzuzufügen: »Wir verfolgen den Feind und hoffen ihn mit Ihrer Hilfe bald über die Grenze zu treiben.«[165]

10. Das Ende des Feldzuges

10.1. Die norwegische Kapitulation am 10. Juni 1940

Am Abend des 1. Juni 1940 war der norwegische Außenminister Koht von der britischen Regierung darüber informiert worden, daß die alliierten Truppen in Narvik wegen der verzweifelten militärischen Lage auf dem Kontinent evakuiert werden würden. Nur der Zeitpunkt der Evakuierung sei noch offen. Der norwegische Oberkommandierende General Ruge wurde erst einen Tag später über diesen Beschluß in Kenntnis gesetzt, und da nicht von seiner Regierung, sondern vom britischen Militärattaché Oberst Pollock.[166] Von der norwegischen Regierung wurde unterdessen ein Plan ausgearbeitet, der eine Demarkationslinie nördlich der Hafenstadt Bodø vorsah.[167] Das Gebiet nördlich der Linie sollte norwegisches Einflußgebiet bleiben, während die Deutschen alle Gebiete südlich der Linie kontrollieren sollten. Der norwegische Außenminister Koht diskutierte diesen Plan mit seinem schwedischen Amtskollegen Christian Günther, der zusicherte, schwedische Truppen zur Bewachung der Demarkationslinie sowie zur Besetzung Narviks zur Verfügung zu stellen. Allerdings zeigte die deutsche Seite keinerlei Interesse an diesem norwegischen Vorschlag.

Nachdem der alliierte Rückzug beschlossene Sache war und auch der Plan einer Demarkationslinie hinfällig geworden war, sah die norwegische Regierung zusammen mit der Königsfamilie keine andere Möglichkeit, als nach Großbritannien zu flüchten.

Auf einer Kabinettssitzung am 4. Juni 1940 in Tromsø war der Kommandeur der 6. norwegischen Division, Fleischer, von dem alliierten Beschluß unterrichtet worden. Zwischen den beiden norwegischen Generalen Ruge und Fleischer herrschte Uneinigkeit darüber, wer bei den norwegischen Truppen in Nordnorwegen bleiben sollte, um die anstehenden Waffenstillstandsverhandlungen mit den Deutschen nach dem alliierten Rückzug zu führen. General Ruge argumentierte gegenüber der Regierung, daß er schon einmal seine Truppen verlassen hatte, nämlich bei der norwegischen Kapitulation in Südnorwegen. Würde er zusammen mit Regierung und Königshaus wieder seine Soldaten verlassen, verlöre er als Soldat sein Gesicht. Als zweimal geschlagener General könne er einer norwegischen Regierung im Exil nur von begrenztem Nutzen sein. Die Regierung schloß sich dieser Argumentation an. Fleischer erhielt darauf den Befehl, zusammen mit Regierung und Königsfamilie ins Exil zu gehen. Dort erfuhr er, der als einziger norwegischer Divisionskommandeur den Angreifern getrotzt hatte, ein tragisches Schicksal. Auf der schon genannten Kabinettssitzung in Tromsø hatte der General nämlich ein Papier zur Diskussion vorgelegt, das aber niemals offiziellen Charakter gehabt hatte. In diesem Papier hatte sich Fleischer gegen ein Außerlandesgehen der Regierung und des Königs ausgesprochen. Statt dessen hatte er der Regierung empfohlen, Verhandlungen über einen Waffenstillstand einzuleiten. Seine Truppen, die erfolgreich gegen Dietl gekämpft hatten, wollte der General keiner unwürdigen Kapitulation aussetzen. Nachdem der General auf der Kabinettssitzung aber über die aktuelle Situation informiert worden war, zog er das Papier zurück. Eine Kopie dieses Papiers blieb allerdings im Archiv der 6. norwegischen Division. Im August 1941 wurde es in der nationalsozialistischen Presse Norwegens veröffentlicht. Daß dieses Papier nicht dazu beitrug, die Position des Generals, der in Großbritanien zum Chef des norwegischen Oberkommandos ernannt worden war,

Die deutsche militärische Führung in Norwegen am 10. Juni 1940 im Hotel »Britannia« in Trondheim. An diesem Tag unterzeichnete der norwegische Oberstleutnant Roscher Nielsen die norwegische Kapitulation. Ganz links: General von Falkenhorst. Dritter von links: Oberst Buschenhagen, Generalstabschef der Gruppe XXI und einer der führenden Köpfe hinter dem Invasionsplan. Foto: Kristian Hosar

Siegesparade einer deutschen Einheit in einer norwegischen Kleinstadt nach dem Abschluß der Kämpfe am 10. Juni 1940. Foto: Dirk Levsen

zu stärken, ist leicht vorstellbar. Im Zuge einer umfassenden Reorganisation der Exilstreitkräfte wurde Generalmajor Fleischer im Jahre 1941 entmachtet. Unter Protest gab er seinen Posten auf. Von der Exilregierung wurde er darauf zum norwegischen Militärattaché in Kanada ernannt, wo er sich 1942 als gebrochener Mann das Leben nahm.

Am Abend des 6. Juni 1940 wurde im Divisionshauptquartier der Befehl zur Demobilisierung der 6. norwegischen Division gegeben.[168] Dazu sollten sich alle norwegischen Einheiten vom 8. Juni an vom Feind lösen. Zudem sollten alle rückwärtigen Stäbe aufgelöst und das gesamte Personal nach Hause geschickt werden. König und Regierung verließen am 7. Juni 1940 an Bord des britischen Kreuzers DEVONSHIRE das Land. Generalmajor Fleischer folgte ihnen einen Tag später.

Jetzt oblag es General Ruge, Kapitulationsverhandlungen mit dem deutschen Oberkommando in Norwegen einzuleiten. Über die norwegische Gesandtschaft in Stockholm war am Abend des 9. Juni eine Mitteilung an die deutsche Gesandtschaft gegangen, daß die 6. norwegische Division bereit sei, den Kampf einzustellen. In der Antwort vom deutschen Oberkommando in Norwegen wurde General Ruge aufgefordert, je einen Offizier mit Vollmacht nach Narvik und nach Trondheim zu entsenden, um über die Einstellung der Kämpfe zu verhandeln.[169] Der Oberstleutnant i.G. Wrede Holm wurde zum Bjørnefjell in die Nähe von Narvik entsandt, wo er gegenüber Generalleutnant Dietl am 10. Juni gegen 10 Uhr morgens kapitulierte.

Oberstleutnant i.G. Ragnvald Roscher Nielsen wurde in der Nacht vom 9. auf den 10. Juni von einem Wasserflugzeug abgeholt und nach Trondheim geflogen. Im Hotel Britannia verhandelte er mit dem deutschen Oberst i.G. Buschenhagen. Noch am späten Nachmittag des 10. Juni wurde auch in Trondheim die Kapitulation unterzeichnet.

In Norwegen wurde und wird dieses Dokument allgemein als »Trondheimabsprache« (Trondheimsavtalen) bezeichnet. Nach der deutschen Kapitulation 1945 haben in Norwegen sowohl Form als auch Inhalt der Kapitulationsurkunde zu Kontroversen geführt. Umstritten war und ist die Frage, ob diese Urkunde den Kriegszustand zwischen Norwegen und Deutschland beendete und damit § 86 des norwegischen Strafgesetzbuches außer Kraft setzte. Nach dieser Norm konnte Beistand für den Feind im Kriegsfall mit mindestens drei Jahren Gefängnis bestraft werden. Von § 86 wurde indes nach 1945 Gebrauch gemacht, um unter anderem norwegische Nationalsozialisten und ehemalige Frontkämpfer, die auf Seiten der Deutschen zum Beispiel in Rußland gekämpft hatten, zu verurteilen.

Wehrmachtssoldaten hinter einem gepflanzten Reichsadler nach dem Ende der Kämpfe in Südnorwegen im Mai 1940. Foto: Dirk Levsen

Die Köpfe hinter »Weserübung«: Generaloberst von Falkenhorst, Generalleutnant Dietl und Oberst Buschenhagen nach dem Ende der Kämpfe in Norwegen.

Foto: Kristian Hosar

Viele norwegische Juristen und Historiker haben nach dem Krieg die Auffassung vertreten, daß es sich bei der norwegischen Kapitulation am 10. Juni 1940 um eine Teil- und nicht um eine Gesamtkapitulation gehandelt habe. Norwegen als Staat, repräsentiert durch die Exilregierung in London, hätte sich damit auch nach dem 10. Juni 1940 noch im Kriegszustand mit Deutschland befunden. Insbesondere der norwegische Historiker Magne Skodvin hat nach dem Krieg in vielen Monographien, Aufsätzen und Leserbriefen die Ansicht verteidigt, daß es sich bei der Niederlegung der Waffen am 10. Juni 1940 nur um eine norwegische Teilkapitulation gehandelt habe.[170]

Deutsche Quellen scheinen diese Auffassung zu stützen. So ging zum Beispiel am 10. Juni 1940 das deutsche Oberkommando in Norwegen laut den »Lageberichten« von folgender Situation aus: »Soweit bisher zu übersehen, legen die Unterhändler entscheidenden Wert darauf, daß trotz der Einstellung der Kämpfe in Norwegen der Krieg fortdauert. Dies wird dadurch unterstrichen, daß die norwegischen See- und Luftstreitkräfte mit den Alliierten Norwegen verlassen haben.«[171] Auch ein Passus vom 13. Juni 1940 in den »Berichten des Oberkommandos der Wehrmacht«, der in der Forschung bisher wenig beachtet worden ist, stützt die norwegische Sicht: »Zu Lande wurden Narvik und Elvegardsmoen wieder besetzt und am 10. Juni die Kapitulationsverhandlungen zwischen dem deutschen Oberkommando in Norwegen und dem norwegischen Oberkommando unterzeichnet. Die gesamtem noch vorhandenen norwegischen Streitkräfte legten die Waffen nieder. Der Feldzug in Norwegen ist seitdem zu Ende.«[172] Entscheidend sind hier die beiden Wörter »noch vorhandenen«, die sich eindeutig auf die sich noch im Lande befindlichen norwegischen Truppen bezogen, und das waren die Soldaten der 6. norwegischen Division in und rund um Narvik. Von den mittlerweile schon in Großbritannien befindlichen norwegischen Soldaten ist an keiner Stelle die Rede.

Zwar berichtete Oberst Buschenhagen nach dem Krieg folgendes: »In der Hauptverhandlung zwischen mir und dem bevollmächtigten Vertreter des norwegischen Oberkommandos, Obstlt. Roscher-Nielsen, die am 10. Juni 1940 mittags im Hotel Britannia in Drontheim begann und gegen 17 Uhr mit der beiderseitigen Unterschriftsleistung beendigt wurde, hat der erwartete norwegische Einspruch, daß der Krieg zwischen Deutschland und Norwegen weitergehe, keine Rolle gespielt. Dieses Problem hat daher auch in dem Wortlaut des Kapitulationsvertrages keinen Niederschlag gefunden.«[173] Wir kommen aber nicht am Wortlaut der genannten offiziellen schriftlichen deutschen Verlautbarungen vorbei, die noch während oder direkt nach den Ereignissen angefertigt wurden, während Erich Buschenhagen seine Einschätzung 23 Jahre nach den Ereignissen abgab. Zu einem abschließenden Urteil in der Frage norwegische Gesamt- oder Teilkapitulation am 10. Juni 1940 kann und will auch diese Darstellung nicht kommen.

10.2. Verluste

10.2.1. Deutsche Verluste

Auf deutscher Seite hatten insgesamt rund 100.000 Soldaten aller Waffengattungen an der Besetzung Norwegens teilgenommen. Die deutschen Verluste an Gefallenen, Verwundeten und Vermißten betrugen nach offiziellen Angaben 5.660 Soldaten.[174] In den Berichten des Oberkommandos der Wehrmacht ist offiziell die Rede von 5.296 Gefallenen, Vermißten oder Verwundeten während der gesamten Unternehmung.[175] Von diesen ertranken 2.375 Soldaten nach Schiffsverlusten während der Überfahrt, davon allein über 1.000 beim Untergang der BLÜCHER im Oslofjord, während die Wehrmacht in Norwegen selbst 1.604 Verwundete sowie 1.317 Gefallene meldete.

Diese Zahlen unterscheiden sich deutlich von denen, die mündlich und schriftlich aus den damals umkämpften Regionen Norwegens überliefert wurden und werden. Das Beispiel der Ortschaft Kvam, rund 100 Kilometer nördlich von Lillehammer im Gudbrandsdal gelegen, soll diese übertriebene Überlieferung illustrieren. Gleich nach dem Krieg veröffentlichte der Lehrer und Kirchendiener N.N. Ringdal ein Buch über die Kämpfe zwischen deutschen und britischen Einheiten in und bei Kvam Ende April 1940. Sein Bericht basierte ausschließlich auf mündlichen (Augenzeugen)-Berichten der Bewohner von Kvam. Über die Zahl der deutschen Gefallenen konnte er nur Vermutungen anstellen und vage Andeutungen machen, wie folgende Sätze belegen: »Wie viele Deutsche zwischen dem Jugendhaus von Kvam und Kjeringhølen gefallen sind, weiß niemand, aber ihre Zahl war sicherlich groß. Zivilisten, die sich auf dem Fjell befanden, sahen Lastwagen, die vorfuhren, um Tote und Verwundete abzutransportieren.[176]« Bis heute haben sich im mittleren Gudbrandsdal mündliche Berichte und Erzählungen gehalten, die von Dutzenden, ja Hunderten von deutschen Gefallenen berichten. Fragt man die Erzähler aber nach ihren Quellen, dann berufen sich viele auf die Schilderungen von Ringdal. Andere verweisen auf mittlerweile oft schon verstorbene Verwandte oder Bekannte als Zeitzeugen der Kämpfe. Auch der Verfasser wurde im Sommer 1997 mit solch einer überlieferten Erzählung konfrontiert. Danach sollen deutsche Soldaten in Kvam die Leichen ihrer gefallenen Kameraden auf großen Holzstößen verbrannt haben. Solche Berichte sind bei genauer Überprüfung nicht haltbar. Ende April 1940 war es kalt, und es lag immer noch Schnee. Also bestand zu keinem Zeitpunkt Seuchengefahr durch gefallene und verwesende Leichen. Zudem behandelte die Wehrmacht zu diesem frühen Zeitpunkt des Krieges ihre Gefallenen sehr sorgfältig. Alle gefundenen Gefallenen wurden geborgen und in Kriegsgräbern bestattet. In sämtlichen gesichteten deutschen Quellen finden sich keine Hinweise auf das Verbrennen von Gefallenen.

Heute ist die Zahl der bei den zweitägigen Kämpfen gefallenen deutschen und britischen Soldaten genau bekannt. Norweger hatten an den Kampfhandlungen in Kvam nicht direkt teilgenommen. Bis zum Jahre 1997 war jedoch die Zahl der deutschen Gefallenen unbekannt. Gleich nach dem Ende der Kämpfe Ende April 1940 wurden 54 gefallene Briten auf dem Friedhof von Kvam bestattet. Von diesen konnten 34 identifiziert werden.

In einem Aufsatz in einer Zeitschrift für Regional- und Lokalgeschichte veröffentlichte der Verfasser im Jahre 1997 die Zahl der deutschen Gefallenen. Nach Auskunft der »Deutschen Dienststelle« in Berlin waren es nicht mehr als zehn deutsche Soldaten gewesen, die in Kvam gefallen waren.[177] Der norwegische Kriegsgräberdienst (Krigsgravtjenesten) gibt die

Zahl der in Kvam gefallenen deutschen Soldaten mit 15 an.[178] Dreizehn deutsche Soldaten wurden nach dem Ende der Kämpfe vorläufig auf dem Friedhof von Kvam beigesetzt. Vermutlich waren drei der dort beigesetzten Soldaten weiter nördlich der Ortschaft gefallen. Nach dem Ende des Feldzuges wurden die dreizehn exhumiert und auf den deutschen Soldatenfriedhof Oslo-Alfaset überführt. Durch diese dokumentierten offiziellen deutschen und norwegischen Zahlen müssen die übertriebenen Schilderungen, die immer noch im Tal kursieren, als widerlegt gelten.

Mit der Veröffentlichung der Zahl von zehn deutschen Gefallenen war vom Verfasser an einem Mythos gekratzt worden, der sich seit dem Frühling 1940 gehalten hatte. In einem Leserbrief in einer Lokalzeitung protestierte ein älterer Einwohner Kvams, der selbst Augenzeuge der Kämpfe gewesen sein will: »Ausgehend von meinen eigenen Erlebnissen sowie den Erzählungen britischer Soldaten, die in Kvam dabei waren, habe ich selbstverständlich eine ganz andere Auffassung.«[179] Erstaunlicherweise spricht auch der französische Historiker François Kersaudy in seiner Darstellung »Kappløpet om Norge« von über 50 deutschen Gefallenen bei Kvam, ohne diese Zahl in irgendeiner Weise belegen zu können.[180]

Auch wenn die Seekriegsleitung einige Verluste der Kriegsmarine bei »Weserübung« einkalkuliert hatte, so waren die tatsächlichen Verluste an militärischem und zivilen Schiffsraum enorm. Die BLÜCHER wurde vor der Festung Oscarsborg im Oslofjord versenkt. Der Kreuzer KÖNIGSBERG wurde von britischen Flugzeugen vor Bergen angegriffen und versenkt. Sein Schwesterschiff KARLSRUHE wurde auf dem Weg nach Kristiansand in Südnorwegen torpediert. Zehn Zerstörer gingen in den Gewässern rund um Narvik verloren. Sechs U-Boote wurden zerstört. Hinzu kamen noch zahlreiche kleinere Einheiten, die vernichtet wurden. Da kam es der Kriegsmarine sehr gelegen, daß sie schon zwei Tage nach dem Überfall die ersten erbeuteten norwegischen Kriegsschiffe in Dienst stellen konnte.[181] Insgesamt wurden nach dem Ende der Kämpfe in Norwegen rund 50 norwegische Kriegsschiffe übernommen. Viele dieser Einheiten waren zwar hoffnungslos veraltet, aber es waren auch einige moderne Fahrzeuge darunter, wie die Zerstörer ODIN, GYLLER und TROLL, von denen zwei noch im Ausrüstungsstadium waren.

Neben den Kriegsschiffen wurden noch 21 deutsche Transportschiffe mit zusammen rund 112.000 Bruttoregistertonnen versenkt. Das entsprach rund zehn Prozent des eingesetzten Schiffsraumes. Diese Verluste beurteilte Generaloberst von Falkenhorst nach dem Krieg als vertretbar: »Die Operation ist überraschend gering an Verlusten gewesen. Es hätten bei Eingreifen der Engländer und der englischen Flotte ganz erheblich mehr sein können. Wir waren aufs Schlimmste gefaßt. Wir sind eigentlich ganz gut durchgekommen.«[182] Hier spricht eindeutig der Heeressoldat, denn die enormen Verluste an militärischem und zivilen Schiffsraum konnten während des gesamten Krieges nicht mehr ausgeglichen werden. Im Grunde genommen war das Unternehmen »Seelöwe«, nämlich die geplante Invasion in Südengland, mit dem Abschluß von »Weserübung« nicht länger durchführbar, weil sowohl Transportraum als auch schwere Überwassereinheiten zur Deckung des Landeunternehmens fehlten.

Die Verluste der Luftwaffe bei den Kämpfen über Norwegen betrugen nach offiziellen deutschen Angaben 90 Maschinen aller Art.

10.2.2. Norwegische Verluste

Insgesamt hatten rund 50.000 norwegische Soldaten aller Waffengattungen an den Kämpfen im Frühjahr 1940 teilgenommen. Dabei fielen rund 850 Soldaten.[183] Allein 276 norwegische Marinesoldaten verloren ihr Leben, als die beiden Panzerschiffe NORGE und EIDSVOLD am 9. April 1940 im Hafen von Narvik versenkt wurden.

Die Zahl der norwegischen Verwundeten wird auf 500 bis 800 geschätzt. Genaue Angaben fehlen bis heute. Odd Lindbäck-Larsen gibt die Zahl der norwegischen Gefallenen und Verwundeten mit rund 1.700 an. Nach seinen Angaben sind bei den Kämpfen im Lande auch rund 300 Zivilisten getötet worden.

Während der Kämpfe war die Infrastruktur Norwegens teilweise schwer in Mitleidenschaft gezogen worden. Einige Brücken und Straßen waren vorübergehend unbrauchbar, wurden aber schnell wieder in Stand gesetzt. Städte wie Elverum und Namsos waren einem systematischem Flächenbombardement der Luftwaffe ausgesetzt gewesen, was zu hohen Verlusten an materiellen Werten und nicht zuletzt an Menschenleben geführt hatte. Weiter wurden kleine Ortschaften wie Tretten und Kvam im Gudbrandsdal während der Kämpfe zerstört.

10.2.3. Alliierte Verluste

Rund 38.000 alliierte Soldaten aller Waffengattungen waren an den Kämpfen in Norwegen beteiligt. Von ihnen fielen 1.869 britische und 530 französische und polnische Soldaten.[185] Als Folge der mehrfachen überstürzten Evakuierungen, die die alliierten Truppen sowohl in den westnorwegischen Hafenstädten Åndalsnes und Namsos als auch in Narvik durchführten, mußte viel Kriegsgerät sowie Munition und Verpflegung zurückgelassen werden.[184]

Auf dem zugefrorenen Lesjaskogs-See im nördlichen Gudbrandsdal, der als Behelfsflugplatz eingerichtet worden war, wurde am 25. April 1940 der größte Teil der 263. Schwadron bei einem deutschen Luftangriff zerstört.[186]

Die restlichen drei Gloster Gladiator Jäger dieser Schwadron gingen zwei Tage später bei Åndalsnes, ebenfalls am Boden, verloren.

Als Katastrophe für die britische Marine bezeichnet T. K. Derry den Verlust des Flugzeugträgers »Glorious«, der am 8. Juni 1940 in der Nähe der Insel Jan Mayen von der SCHARNHORST versenkt wurde.[187] An Kriegsschiffen verloren die Briten darüber hinaus zwei Kreuzer, sieben Zerstörer, vier U-Boote sowie eine große Zahl kleinerer Schiffe. Drei Kreuzer und acht Zerstörer wurden beschädigt. Die französische und die polnische Marine verloren je einen Zerstörer und ein U-Boot. Zudem wurden über 70 alliierte Transportschiffe versenkt.

11. Gerichtliches Nachspiel

Nach der deutschen Kapitulation 1945 wurde in Norwegen der Mythos gepflegt, insbesondere das norwegische Offizierkorps sei 1940 ein erbitterter Gegner des Nationalsozialismus und Hitler-Deutschlands gewesen. Allerdings begann im August 1945 eine Untersuchungskommission ihre Arbeit, die das Verhalten des Offiziere während der Kämpfe im Frühjahr 1940 beurteilen sollte. Diese Kommission kam schließlich zu anderen, erstaunlichen Ergebnissen. Insgesamt wurden von der Kommission 12.231 Offiziere aller Waffengattungen und Ränge begutachtet.[188] Heraus kam zum Beispiel, daß nach dem 9. April 1940 rund 1.150 norwegische Offiziere Mitglied von Quislings »Nasjonal Samling« gewesen waren. Die prodeutsche Haltung innerhalb des norwegischen Offizierkorps wurde als so verbreitet angesehen, daß sie als kein ungewöhnliches, möglicherweise sogar gefährliches Moment betrachtet wurde. Militärische Schlüsselpositionen wie zum Beispiel die Mobilisierungsabteilungen sowohl im Verteidigungsministerium als auch im Generalstab waren von nationalsozialistischen Offizieren besetzt. Mindestens drei der aktiven norwegischen Regimentskommandeure waren eingeschriebene Mitglieder von Quislings nationalsozialistischer Partei. Ungefähr 10 Prozent der nach dem Krieg kritisch begutachteten Offiziere wurden den Untersuchungskriterien nicht gerecht und aus ihren Stellungen entfernt. Der Kommandeur der 3. norwegischen Division, Generalmajor Einar Liljedahl, der übrigens wie alle anderen norwegischen Generale nie der »Nasjonal Samling« angehörte, wurde nach dem Krieg wegen seiner passiven Haltung während des Feldzuges im Frühling 1940 zu 60 Tagen Arrest verurteilt. Ebenso erging es Generalmajor Laurantzon, dem Kommandeur der 5. norwegischen Division. Der Kommandeur der 2. Division, Generalmajor Hvinden Haug, wurde von der Untersuchungskommission wegen seiner Passivität gegenüber den deutschen Fallschirmjägern, die versucht hatten, König und Regierung gefangen zu setzen, gerügt, allerdings nicht verurteilt.[189]

Neue Forschungsergebnisse des norwegischen Historikers Lars Borgersrud belegen, daß vor und nach dem 9. April 1940 sogar 20 Prozent des höheren norwegischen Offizierkorps Mitglied der nationalsozialistischen Partei waren.[190] Damit lag der Anteil der »Nasjonal-Samling«-Mitglieder im norwegischen Offizierkorps siebenmal höher als sonst in der norwegischen Bevölkerung. Viele traten aus opportunistischen Gründen der Partei nach der norwegischen Niederlage bei, um sie wieder zu verlassen, als, spätestens nach der deutschen Niederlage in Stalingrad, der Wind sich zu drehen begann.

Einige dieser Offiziere machten nach dem Krieg bemerkenswerte Karrieren in den norwegischen Streitkräften, nachdem ihre Personalakten auf bis heute ungeklärte Weise von den kompromittierenden Angaben bereinigt worden waren. Zu diesen Offizieren gehörte zum Beispiel Jens Henrik Throne Nordlie, vor dem Krieg stellvertretender Chef der »Hird«, der (unbewaffneten) nationalsozialistischen Parteiarmee.[191] Nach dem Krieg war er unter anderem als hoher Offizier in der streng geheimen Widerstandsgruppe »Stay Behind« tätig, die im Falle einer erneuten Invasion Norwegens Sabotageakte ausführen sollte. Ein anderer Offizier war Rolf Rynning Eriksen, der im August 1940 der »Nasjonal Samling« beitrat, um sie nach einigen Monaten wieder zu verlassen. Nach dem Krieg stieg er bis zum Generalleutnant und Stabschef des norwegischen Oberkommandos auf.[192]

Auffallend war, daß viele Kompaniechefs und Bataillonskommandeure nach dem 9. April 1940 versagten, als sie den Kampf aufnehmen sollten. Heute ist jeder norwegische Vorgesetzte verpflichtet, im Kriegsfall unverzüglich seine Einheit zu mobilisieren und einem Angreifer mit allen zur Verfügung stehenden Mitteln Widerstand zu leisten ohne Rücksicht auf die Schwierigkeit der Lage. Das ist eine der Lehren, die Norwegen aus dem Überfall von 1940 gezogen hat.

12. Schlußbetrachtung

»Als König Haakon VII, die Regierung, die Armee und das Volk die Vorgänge [die Invasion] erfaßten, gerieten sie in wilden Zorn.« schrieb Winston Churchill in seinen Werk »Der Zweite Weltkrieg«.[193] Davon, daß das gesamte Land von einem wilden Zorn auf die Invasoren erfaßt wurde, konnte keine Rede sein. Eher war es Überraschung, später Resignation, die die Situation in den ersten Wochen nach dem Überfall prägte, trotz der Tatsache, daß es für die Verantwortlichen in Regierung und Streitkräften eine hinlängliche Zahl von alarmierenden Hinweisen auf eine bevorstehende größere Militäraktion gegeben hatte.

Wie auch die westeuropäischen Staaten war Norwegen im Frühjahr 1940 nur ungenügend vorbereitet, um einer Invasion wirkungsvoll begegnen zu können. Gravierende Versäumnisse in der Verteidigungspolitik, die schon Anfang der zwanziger Jahre begannen, konnten trotz kurzfristiger Rüstungsanstrengungen nach dem Kriegsausbruch auf dem Kontinent im September 1939 in der kurzen, zur Verfügung stehenden Zeit nicht mehr wettgemacht werden.

Die norwegische Mobilmachungsordnung war kompliziert und niemals ernsthaft erprobt worden. Kein norwegischer Kommandeur vom Oberst an aufwärts hatte bei Kriegsausbruch seine Einheit vollständig in kriegsmäßigem Zustand gesehen. Nach militärischen Maßstäben gab es überhaupt nur einige wenige Einheiten in Nordnorwegen, die im April 1940 vollständig kriegstauglich waren. Wäre die norwegische Mobilmachung nicht in einem Chaos aus Lethargie, sich widersprechenden militärischen Befehlen und politischen Beschlüssen untergegangen, dann hätten die deutschen Invasoren, die in der Anfangsphase über nicht mehr als knapp 10.000 Soldaten verfügten, durch beherztes Handeln auch mit den begrenzten norwegischen militärischen Ressourcen, die am 9. April 1940 zur Verfügung standen, in eine schwierige Lage gebracht werden können. Daß auch mit veraltetem Material erfolgreich Widerstand geleistet werden konnte, zeigt die Versenkung der BLÜCHER im inneren Oslofjord am frühen Morgen des 9. April 1940, als das Schiff mit Kanonen und Torpedos außer Gefecht gesetzt wurde, die um die Jahrhundertwende produziert worden waren.

Den norwegischen Streitkräften mangelte es im Frühjahr 1940 an vielem. Panzer oder gepanzerte Fahrzeuge gab es nicht. Auch panzerbrechende Waffen fehlten. Die Marine verfügte nur über eine Handvoll moderner Einheiten. Eine Luftwaffe als unabhängige Teilstreitkraft existierte nicht. Heeres- und Marineflieger verfügten nur über veraltetes Material.

Doch es sollte sich Anfang April 1940 zeigen, daß besonders die jahrzehntelangen Versäumnisse und Einsparungen bei der Unteroffizier- und Offizierausbildung gravierende Folgen hatten. Nicht wenige Truppenführer versagten völlig beim ersten Treffen mit dem Feind. Dieses Versagen ging hinauf bis zum Oberbefehlshaber des norwegischen Heeres, General Kristian Laake, der seiner Regierung direkt nach dem Überfall empfahl, Verhandlungen mit den Invasoren aufzunehmen, worauf er seines Postens enthoben und durch General Ruge ersetzt wurde.

Das Versagen norwegischer Offiziere setzte sich nach dem 9. April 1940 über die Bataillons- bis zur Kompanieebene fort. Odd Lindbäck-Larsen, im Frühjahr 1940 als Oberst Generalstabschef der 6. norwegischen Division, schrieb nach dem Krieg: »Es ist leicht, eine große Bandbreite in der Qualität der norwegischen Führer während des Feldzuges 1940 festzustellen. Sie variierte von einer glänzenden bis zu einer unzureichenden Einstellung. Es gab viele, die die Anforderungen nicht erfüllten – fachlich, physisch und psychisch.«[195] Um so mehr muß da das Verhalten unzähliger norwegischer Soldaten und vieler Freiwilliger hervorgehoben werden, die trotz dieser widrigen Umstände nach dem 9. April 1940 den Kampf aufnahmen.

»Die norwegische Armee war mobilisiert und nahm sofort den Kampf gegen die Eindringlinge auf,« schrieb Churchill weiter.[196] Auch dies entspricht nicht den Tatsachen. Wenige norwegische Einheiten waren am 9. April 1940 mobilisiert und auf Neutralitätswacht. Durch die komplizierte Mobilmachungsordnung und sich widersprechende Befehle wurden viele Einheiten erst spät, zu spät einberufen. Wie gesehen, gab es auch mobilisierte Einheiten wie das Infanterieregiment Nr. 3 in der Region Telemark, die den Kampf überhaupt nicht aufnahmen, sondern bei Erscheinen der ersten deutschen Soldaten kampflos die Waffen streckten.

Bei ihrem Rückzug ins Landesinnere zerstörten die norwegischen Verteidiger die meisten Kommunikationsmittel und Verbindungen wie Telefonzentralen, Brücken und Eisenbahntunnel nur unzureichend oder überhaupt nicht, so daß diese von den deutschen Truppen sofort oder nur mit geringer Zeitverzögerung wieder in Betrieb genommen werden konnten. Auch Tankstellen, zur Versorgung der vielfach aus dem Lande motorisierten deutschen Einheiten besonders wichtig, wurden oft nicht unbrauchbar gemacht: »Für uns, die motorisierte Truppe, unerklärlich, aber außerordentlich vorteilhaft, war die Tatsache, daß der Feind es oft verabsäumt hatte, die in den Orten gelegenen Tankstellen zu entleeren, oder wenigstens unbrauchbar zu machen. Nur dadurch war es möglich, daß unser Bataillon immer Treibstoff hatte und fahrbereit blieb«, berichtete nach dem Krieg Alois Hoffmann, der während des Feldzuges im Maschinengewehr-Bataillon 13 gedient hatte.[197]

Die norwegische Bevölkerung verhielt sich während des Feldzuges ruhig und abwartend, wie unter anderem aus den »Lageberichten« hervorgeht: »Bevölkerung: im gesamten Gebiet im allgemeinen keine feindliche Haltung. Bisher kein Heckenschützentum festgestellt. [...] Kein passiver Widerstand.«[198] Aus seiner Sicht bestätigte der Kommandeur der 196. Infanteriedivision, Generalmajor Pellengahr, diesen Eindruck, als er schrieb: »Die norwegische Bevölkerung hat sich überall sehr korrekt verhalten. Von den unzähligen Brücken im Hinterland ist nicht eine einzige nach dem Vordringen wieder zerstört oder beschädigt worden. Nicht ein Soldat ist hinterrücks angefallen worden. Ich selbst bin Tag und Nacht, meist allein mit meinem Fahrer, weite Strecken von einer Kampfgruppe zur anderen unterwegs gewesen – auch durch die einsamsten Wälder von großer Ausdehnung – ohne daß etwas passiert wäre.«[199] Doch es gab nicht nur diese passive, abwartende Haltung in der Bevölkerung, sondern auch aktive Unterstützung für die Angreifer. Norwegische Kraftfahrer fuhren gegen gute Bezahlung die aus dem Lande requirierten Fahrzeuge, mit denen zum Beispiel der Feldzug in Ostnorwegen durchgeführt wurde.[200]

Über das britische Engagement in Norwegen schrieb Churchill: »Wir fühlten uns verpflichtet, zur Hilfeleistung für die Norweger das Äußerste aufzubieten, selbst um den Preis weitgehender Beeinträchtigung unserer eigenen Rüstungen und Pläne.«[201] Allerdings schwankte die Qualität der in Norwegen eingesetzten Expeditionsstreitkräfte erheblich. Die zum Beispiel im südlichen Gudbrandsdal eingesetzten britischen Territorials waren schlecht ausgebildet und zum Kampf im Gebirge in keiner Art und Weise geeignet. Erst die Green Howards im mittleren und nördlichen Gudbrandsdal erwiesen sich als zähe Gegner der Angreifer. Die norwegisch-alliierte militärische Zusammenarbeit während des Feldzuges war höchstens korrekt, und oft nicht einmal das. Über die britisch-alliierten Pläne für den norwegischen Kriegsschauplatz wurde die norwegische Führung meist zunächst im Ungewissen gelassen und dann vor vollendete Tatsachen gestellt. Ein wesentlicher Grund dafür war der Zweifel der alliierten Führung an der politischen Zuverlässigkeit vieler norwegischer Offiziere.

Im Gegensatz zur relativ präzisen militärischen Planung der Besetzung Norwegens mangelte es den Invasoren an einem klaren politischen Konzept. Quislings Putsch am Abend des 10. April 1940 kam auch für die Deutschen überraschend; Quisling hatte in der ursprünglichen deutschen Planung keine oder nur eine unbedeutende Rolle gespielt. Die Flucht von König und Regierung aus der Hauptstadt, möglich geworden durch die Versenkung der BLÜCHER, verursachte eine Situation, auf die wohl weder Berlin und schon gar nicht die Gruppe XXI vorbereitet war, wie das improvisierte Fallschirmjägerunternehmen auf den Zufluchtsort der norwegischen Staatsspitze, Elverum, beweist.

Nachdem eine Verhandlungslösung gescheitert war, wurde der Gesandte Bräuer aus Oslo abberufen und durch den überzeugten Nationalsozialisten Terboven als »Reichskommissar für die besetzten norwegischen Gebiete« ersetzt, der Hitler ergeben und direkt unterstellt war und im Verlauf seiner fünfjährigen Herrschaft zum nahezu unumschränkten Machthaber im besetzten Norwegen aufstieg.

Es bleibt festzuhalten, daß besonders in Südnorwegen schlecht ausgebildete, nur unzureichend ausgerüstete und umständlich organisierte norwegische Streitkräfte einen hoffnungslosen Kampf gegen die deutschen Invasionstruppen führen mußten, obwohl die Geographie des Landes einen Verteidiger begünstigt. Die engen Täler im ganzen Land bieten Möglichkeiten, um mit wenigen gut ausgebildeten, entschlossen geführten und ausreichend ausgerüsteten Soldaten auch einen überlegenen Gegner erfolgreich am Vormarsch zu behindern. Clausewitz stellte in seinem Werk »Vom Kriege« zur Verteidigung im Gebirge fest: »Ein Feldherr, der sich in einer ausgedehnten Gebirgsstellung auf das Haupt schlagen läßt, verdient vor ein Kriegsgericht gestellt zu werden.«[202]

Anders sah die Situation in Nordnorwegen aus. Während in Südnorwegen die deutschen Angreifer fast immer die Initiative besaßen, befanden sich die deutschen Gebirgsjäger in und um Narvik sehr schnell in der Defensive. Hier erlangte die Luftwaffe bis zum Ende des Feldzuges am 10. Juni 1940 niemals die Luftherrschaft. Nach der Versenkung der zehn deutschen Zerstörer brach eine akute Führungskrise in Berlin aus. Hitler verlor die Nerven und schlug völlig indiskutable Operationen vor, um Dietl und seine Gebirgsjäger aus Narvik zu evakuieren. Hohe deutsche Offiziere äußerten sich während und nach dem Feldzug sehr kritisch über die Führungsqualitäten ihres obersten Kriegsherren. Zu den Kritikern gehörte auch der vielgeschmähte Oberbefehlshaber der Heeres, Generaloberst von Brauchitsch, der die Führungskrise um Narvik nach Oberstleutnant von Loßberg folgendermaßen charakterisierte: »Lossberg, wie soll das bei der Westoffensive werden, wenn der Führer schon in Lagen wie jetzt bei Narvik schlapp macht.«[203]

Die in den nördlichen Landesteilen stationierten norwegischen Soldaten zeichneten sich durch eine ungleich höhere Einsatzbereitschaft und Kampfmoral als viele ihrer südnorwegischen Kameraden aus. Hinzu kam, daß diese Soldaten mit Generalmajor Fleischer zweifellos den besten aller norwegischen Divisionskommandeure hatten, der im Gegensatz zu vielen seiner Kameraden auch persönliche Gefahr nicht scheute.

Nach der Landung britischer, französischer und polnischer Einheiten entwickelte sich der Feldzug in Nordnorwegen zu einer gesamteuropäischen Auseinandersetzung, die aus alliierter Sicht abgebrochen werden mußte, als sich die militärische Situation in Westeuropa Ende Mai 1940 einer Katastrophe näherte. Nach dem Rückzug der Alliierten blieb den noch verbliebenen Soldaten der 6. norwegischen Division nichts anderes übrig, als am 10. Juni 1940 zu kapitulieren. Da hatte die norwegische Staatsspitze das Land schon in Richtung Großbritannien verlassen.

Heute zollen auch norwegische Historiker den deutschen Soldaten bei Narvik Respekt: »Den gesamten Feldzug betrachtet, können die Norweger am meisten stolz auf Narvik sein. Aber jetzt, über 40 Jahre später, soll unsere Bewunderung auch die Deutschen einschließen. Am Anfang waren sie nicht mehr als 2.000 Mann. Nach und nach kamen Verstärkungen, unter anderem Soldaten, die mit dem Fallschirm über dem Bjørnefjell absprangen, so daß sie zum Schluß rund 3.000 kampffähige Männer hatten. Diese standen einer alliierten und norwegischen Streitmacht von über 30.000 Mann gegenüber, auch wenn sie niemals gegen alle zugleich gekämpft haben. Der zähe Widerstand der Deutschen gegen eine überwältigende Übermacht zwingt Bewunderung ab. Fast 50 Tage hielten sie ihren Brückenkopf in der Stadt Narvik.«[204]

Heute wird die norwegische Verteidigungsbereitschaft von den politisch Verantwortlichen im Lande wieder vernachlässigt, trotz der Erfahrungen, die das Land 1940 machen mußte. General Arne Solli, bis zum 30. April 1999 Oberkommandierender der norwegischen Streitkräfte, schrieb nach seinem Abschied in einer Chronik in der Zeitung »Aftenposten« unter anderem: »Unsere sinkende nationale militärische Kapazität ist nun dabei, eine prinzipielle Grenze zu unterschreiten. Die Verteidigung, die wir in Zukunft werden aufrecht halten können, wird so klein sein, daß sie wahrscheinlich für den Ausgang eines neuen Krieges, in dem Norwegen einem Angriff von außen in großem Umfang ausgesetzt sein würde, ohne entscheidende Bedeutung sein wird.«[205]

Anmerkungen

1 Als Beispiel sei hier genannt Weinberg, Eine Welt in Waffen. Auf zehn Seiten (S. 130–139) wird hier die Besetzung Dänemarks und Norwegens beschrieben. Das umfassende Werk: Das Deutsche Reich und der Zweite Weltkrieg, handelt das Thema auf 14 Seiten ab (Stegemann, Das Unternehmen »Weserübung«).
2 Salewski, Das Wesentliche von »Weserübung», S. 117; Loock, Quisling, Rosenberg und Terboven; Gemzell, Raeder, Hitler und Skandinavien.
3 Auch während des Zweiten Weltkrieges schloß die norwegische Exilregierung in London keinen Beistandspakt mit den übrigen Alliierten. Diese Neutralitätspolitik wurde formell erst 1949 aufgegeben, als das Land der NATO beitrat.
4 Riste, The Neutral Ally.
5 Pryser, Arbeiderbevegelsens Historie , S. 214.
6 Ein norwegisches »fylke« ist im weitesten Sinn mit einem deutschen Regierungsbezirk vergleichbar.
7 »Statsminister« ist der offizielle Titel des norwegischen Regierungschefs, hier als Staatsminister übersetzt. Alle notwendigen Übersetzungen aus dem Norwegischen sind vom Verfasser vorgenommen worden.
8 Zitiert nach Ottmer, »Weserübung«, S. 35. Siehe auch die Rezension dieses Buches von Robert Bohn, in: Militärgeschichtliche Mitteilungen 54 (1995), S. 624–626.
9 Aftenposten, 5. Oktober 1937.
10 Innstilling fra Undersøkelseskommisjonen, S. 65. Siehe auch Lindbäck-Larsen, Krigen i Norge, S. 16.
11 Luftforsvarsmuseet, Katalog, S. 14.
12 Innstilling fra Undersøkelseskommisjonen , S. 47.
13 Ebd., S. 47 f.
14 Ebd., S. 65.
15 Bundesarchiv-Militärarchiv, Freiburg (BA-MA), RH 24–21/16. Kriegstagebuch (KTB) Gruppe XXI, Bd. 1, S. 3 f.
16 Pruck, Abwehraußenstelle Norwegen, S. 107
17 Pryser, Tyske hemmelige tjenester i Norge under Okkupasjonen , S. 17.
18 Pruck, Abwehraußenstelle Norwegen, S. 108, 110.
19 Aftenposten, 5. Oktober 1937.
20 Brissaud, Canaris.
21 Hitlers Weisungen, S. 47.
22 Ebd., S. 47.
23 Ebd., S. 49.
24 Ebd., S. 48.
25 BA-MA, RH 24–21/17. Gruppe XXI, Ia Nr. 20/40 g.Kdos., Betrifft: »Weserübung Nord«, Operationsbefehl für die Besetzung Norwegens Nr. 1 vom 5. März 1940 (1. von 17 Ausfertigungen, Punkt 2 (zitiert als BA-MA, RH 24–21/17, Operationsbefehl für die Besetzung Norwegens Nr. 1).
26 Ebd., Punkt 9.
27 Ebd., Punkt 8.
28 Binder/Schlünz, Schwerer Kreuzer Blücher, S. 56
29 BA-MA, RH 24–21/17. Operationsbefehl für die Besetzung Norwegens Nr. 1, Punkt 6.

30 BA-MA, RH 24–21/17. OKW, WFA/Abt. L Nr. 22082/40 g.K.Chefs., Betr.: Fall »Weserübung« (Ergänzung zu 1: Zuteilung der Heeres-, Luftwaffen-und Marineeinheiten) vom 5. März 1940 (1. von 9 Ausfertigungen); zu den Bereitstellungsräumen siehe Ottmer, »Weserübung«, S. 57 und Hubatsch, »Weserübung«, S. 48.
31 Als Beispiel sei hier Bjørnson, Det utrolige døgnet, genannt.
32 Zit. nach Arneberg/Hosar, Vi dro not nord, S. 342.
33 BA-MA, RH 24–21/17. Operationsbefehl für die Besetzung Norwegens Nr. 1, Punkt 6.
34 Ebd., Punkt 7.
35 Ebd., Punkt 11.
36 Das Maschinengewehr-Bataillon (mot.) 13, S. 11.
37 Hartmann, Nytt lys, S. 40.
38 Brissaud, Canaris, S. 284.
39 Norsk Krigsleksikon, S. 394.
40 Brief von Georg Müller an den Verfasser vom 10. Oktober 1998.
41 Grimnes, Norge i Krig, Bind 1, Overfall, S. 65.
42 Churchill, Der Zweite Weltkrieg, S. 245. Siehe auch Norsk Krigsleksikon, S. 273 f.
43 Koht, Frå Skanse til Skanse, S. 10.
44 BA-MA, RH 24-21/23. Der Führer und Oberste Befehlshaber der Wehrmacht, OKW/WFA Abt. L Nr. 22128/40 g.K.Chefs. vom 2. April 1940 (1. von 10 Ausfertigungen).
45 Nygaardsvold, Norge i Krig, S. 8.
46 Koht, Frå Skanse til Skanse, S. 16.
47 Nygaardsvold, Norge i Krig, S. 10; Koht, Frå Skanse til Skanse, S. 17.
48 Bjørnsen, Det utrolige døgnet, S. 41.
49 NOU, Rapport, S. 36.
50 Das Memorandum und die Erläuterungen sind abgedruckt bei Hubatsch, »Weserübung«, S. 509 ff. .
51 Ebd., S. 512 f.
52 Koht, Frå Skanse til Skanse, S. 25.
53 NOU, Rapport, S. 55. Siehe auch Borgersrud, »Unngå å irritere fienden«, S. 51.
54 Grimnes, Veien inn i krigen, S. 101.
55 Felttoget, S. 29.
56 Zitiert nach Pruck, Abwehraußenstelle Norwegen, S. 115.
57 BA-MA, N 300/5. Bericht und Vernehmung des Generalobersten von Falkenhorst, S. 84.
58 BA-MA, N 464/3. Gespräch zwischen Oberst a. D. Hartwig Pohlmann und Rechtsanwalt Sverre Hartmann in Braunschweig am 21. November 1952, S. 4.
59 BA-MA, RW 4/v 598. Befehl des OKW vom 2. April 1940.
60 Melchior, Bericht Oslo-Einsatz 1940, S. 1.
61 NOU, Rapport, S. 72.
62 Hauge, Kampene i Norge, Bd. 2, S. 41.
63 Erich Walther war bei Kriegsende Generalmajor und Kommandeur einer Fallschirmjägerdivision an der Ostfront. Bald nach Kriegsende wurde er von den Sowjets verhaftet; er verstarb 1948 im Lager Sachsenhausen.
64 Brief der Deutschen Dienststelle für die Benachrichtigung der nächsten Angehörigen von Gefallenen der ehemaligen deutschen Wehrmacht vom 9. April 1999 an den Verfasser.
65 Borgersrud, »Unngå å irritere fienden«, S. 64.
66 Die Lageberichte des Wehrmachtführungsstabes über die Besetzung von Dänemark und Norwegen 7. April bis 14. Juni 1940, Meldungen der Wehrmachtteile vom 9. April 1940 abends, abgedruckt in: Hubatsch, »Weserübung«, S. 237.
67 Ebd., S. 240.
68 Gudbrandsdølen, 10. April 1940, S. 1.
69 Gudbrandsdølen, 11. April 1940, S. 1.
70 Mössinger, Gefechtsbericht Dombass.
71 Felttoget, S. 73

72 Pellengahr, Von Oslo bis Andalsnes, S. 2.
73 Arneberg/Hosar, Vi dro mot nord, S. 97 f.
74 Lindbäck-Larsen, Krigen i Norge, S. 56.
75 Ebd., S. 54.
76 Pellengahr, Von Oslo bis Andalsnes, S. 5
77 Ebd., S. 5.
78 Die Lageberichte des Wehrmachtführungsstabes über die Besetzung von Dänemark und Norwegen 7. April bis 14. Juni 1940, Meldungen der Wehrmachtteile vom 9. April 1940 abends, abgedruckt in: Hubatsch, »Weserübung«, S. 266.
79 Felttoget 1940, S. 51.
80 Gerlach, Erlebnisbericht, S. 2.
81 Das Maschinengewehr-Bataillon (mot.) 13, S. 15.
82 Die Lageberichte des Wehrmachtführungsstabes über die Besetzung von Dänemark und Norwegen 7. April bis 14. Juni 1940, Meldungen der Wehrmachtteile vom 9. April 1940 abends, abgedruckt in: Hubatsch, »Weserübung«, S. 278.
83 Pryser, Tyske hemmelige tjenester i Lillehammer og Gudbrandsdalen, S. 34.
84 Pellengahr, Von Oslo bis Andalsnes, S. 35.
85 Felttoget, S. 90.
86 Ebd., S. 88.
87 Pellengahr, Von Oslo bis Andalsnes, S. 36. Bei der Waffe handelte es sich um die Boy's anti-tank-rifle.
88 Gerlach, Erlebnisbericht, S. 4: Oyer-Tretten. Angriff mit Panzern am 23. April 1940.
89 BA-MA, RH 37/2870. Bericht des I.G. Zuges I.R. 340, Blatt 3.
90 Gootaas, Fra 9. april til 7. juni, S. 40. Auf Wunsch General Ruges übernahm der Journalist Birger Gootaas im Range eines Hauptmanns die Stellung eines Pressereferenten beim norwegischen Generalstab; ebd., S. 81.
91 Felttoget, S. 92.
92 Pellengahr, Von Oslo bis Andalsnes, S. 37 ff.
93 BA-MA, N 219/2. Aufzeichnungen von Loßbergs, S. 49.
94 Ebd., S. 49.
95 BA-MA, N 300/5. Vernehmung des Generalobersten von Falkenhorst, S. 86.
96 Pellengahr, Von Oslo bis Andalsnes, S. 41.
97 Rapport fra Møre Infanterieregiment Nr. 11, Vorwort S. 1.
98 Ebd., S. 31.
99 Roscher Nielsen, Krigen i Norge, S. 254.
100 Pellengahr, Von Oslo bis Andalsnes, S. 43.
101 Das Maschinengewehr-Bataillon (mot. 13), S. 23.
102 BA-MA, N 300/5. Vernehmung des Generalobersten von Falkenhorst, S. 14.
103 Pellengahr, Von Oslo bis Andalsnes, S. 46.
104 Felttoget, S. 90.
105 Gootaas, Fra 9. april til 7. juni, S. 39 f.
106 Ebd., S. 39.
107 Lie, Leve eller dø, S. 196.
108 Pellengahr, Von Oslo bis Andalsnes, S. 9.
109 Ebd., S. 10.
110 Ebd., S. 10.
111 BA-MA, RH 28–2/108 b. Bericht über den Einsatz der Mot. Voraus-Abteilung v. Burstin bei der Kampfgruppe Fischer im Norwegen-Feldzug vom 23.4.40 bis 6.5.40, Anlage 2.
112 BA-MA, RW 4/v. 32. Tagebuch Jodl (WFA) vom 1. Februar-26. Mai 1940, S. 44.
113 Siehe oben Seite 50.
114 BA-MA, RH 28–2/108 b. Bericht über den Einsatz der Mot. Voraus-Abteilung v. Burstin bei der Kampfgruppe Fischer im Norwegen-Feldzug vom 23.4.40 bis 6.5.40, Anlage 32, S. 2.
115 BA-MA, N 300/5. Bericht und Vernehmung des Generalobersten von Falkenhorst, S. 13.

116 NOU, Rapport, S. 63.
117 Ebd., S. 63. Zitierter Bericht des Major Hermansen, Kommandeur des 2. Bataillons des Infanterieregiments Nr. 4.
118 BA-MA, RH 37/2780. Kriegstagebuch der 2./Geb.Jäg.Rgt. 138, S. 5.
119 Ebd., S. 9.
120 NOU, Rapport, S. 75.
121 BA-MA, RH 37/2780. Kriegstagebuch der 2./Geb.Jäg.Rgt. 138, S. 10.
122 NOU, Rapport, S. 109.
123 Die Lageberichte des Wehrmachtführungsstabes über die Besetzung von Dänemark und Norwegen 7. April bis 14. Juni 1940, Meldungen der Wehrmachtteile vom 9. April 1940 abends, abgedruckt in: Hubatsch, »Weserübung«, S. 311.
124 NOU, Rapport, S. 83.
125 Ebd., Einleitung, S. 16.
126 Ebd., S. 94.
127 Ebd., S. 94. Siehe auch Felttoget 1940, S. 118.
128 BA-MA, RH 26-69/2. Abschrift aus dem Kriegstagebuch der Abteilung Ia, 69. I. D., S. 3.
129 Ebd., S. 2.
130 Greve, Bergen i krig, S. 35.
131 BA-MA, RH 26-69/2. 69. Infanteriedivision. Abschrift aus dem Kriegstagebuch der Abteilung Ia, S. 5.
132 NOU, Rapport, S. 101.
133 BA-MA, RH 26-69/2. 69. ID. Abschrift aus dem Kriegstagebuch der Abteilung Ia, S. 5.
134 BA-MA, RL 211/203. Der Oberbefehlshaber der Luftwaffe, Führungsstab Ic, Lagebericht Nr. 231 vom 23./24.4.40, S. 3.
135 BA-MA, RH 26-69/2, 69. ID, Abschrift aus dem Kriegstagebuch der Abteilung Ia, S. 8.
136 Ebd., S. 10.
137 Ebd., S. 12.
138 BA-MA, RH 37/2781. Kriegsgeschichte des I. Btl. Geb.Jäg. Rgt. 138 vom 5.3.–9. Juni 1940, geschrieben von H. Jüttner, Norwegen im Februar 1941, S. 3.
139 Die Lageberichte des Wehrmachtführungsstabes über die Besetzung von Dänemark und Norwegen 7. April bis 14. Juni 1940, Meldungen der Wehrmachtteile vom 9. April 1940 abends, abgedruckt in: Hubatsch, »Weserübung«, S. 237.
140 BA-MA, RH 37/2781. Kriegsgeschichte des I. Btl/Geb.Jäg. Rgt. 138 vom 5.3.–9. Juni 1940, geschrieben von H. Jüttner, Norwegen im Februar 1941, S. 6.
141 Ebd., S. 6.
142 Ebd., S. 8.
143 Die Lageberichte des Wehrmachtführungsstabes über die Besetzung von Dänemark und Norwegen 7. April bis 14. Juni 1940, Meldungen der Wehrmachtteile vom 9. April 1940 abends, abgedruckt in: Hubatsch, »Weserübung«, S. 245.
144 NOU, Rapport, S. 111.
145 Getz, Fra Krigen i Nord-Trøndelag, S. 144.
146 Zur Person des späteren Generalobersten Dietl siehe die Untersuchung von Heinemann, Eduard Dietl, und ders. (Bearbeiter), Generaloberst Dietl.
Nur mit äußerster Vorsicht ist Roland Kalteneggers Eloge auf Hitlers Lieblingsgeneral (Kaltenegger: Generaloberst Dietl) zu genießen. Vergleiche dazu auch die Rezensionen von Bohn und Heinemann.
147 Norsk Krigsleksikon, S. 406.
148 NOU, , S. 125. Siehe auch Fleischer, Efterlatte papirer, S. 24.
149 BA-MA, RH 28–3/2. 3. Gebirgsdivision, Kriegstagebuch Nr. 2, S. 4.
150 Ebd., S. 6.
151 Ebd., S. 10.
152 BA-MA, RW 4/v. 32. Diary of General Jodl, S. 35.
153 BA-MA, RH 28–3/2. 3. Gebirgsdivision, Kriegstagebuch Nr. 2, S. 12.

154 BA-MA, N 219/2. Nachlaß von Loßberg, S. 54.
155 Ebd.
156 Ebd., S. 55.
157 Ebd.
158 Die Weisung an Dietl ist abgedruckt in Hubatsch, »Weserübung», S. 167 f.
159 BA-MA, RH 28–3/2, 3. Gebirgsdivision, Kriegstagebuch Nr. 2, S. 26.
160 NOU, Rapport, S. 125.
161 Ebd., S. 125. Siehe auch BA-MA, RH 28–3/2, 3. Gebirgsdivision, Kriegstagebuch Nr. 2, S. 30.
162 Fleischer, Efterlatte papirer, S. 46.
163 Rommetveit, From Mountain Warfare in Winter Conditions, S. 102.
164 Feurstein, Irrwege der Pflicht, S. 82.
165 Der Brief von General Béthouart ist in norwegischer Übersetzung abgedruckt in Fleischer, Efterlatte papirer, S. 174.
166 Felttoget, S. 178.
167 Grimnes, Overfall, S. 217 f.
168 Fleischer, Efterlatte papirer, S. 63.
169 Felttoget, S. 191.
170 Siehe zum Beispiel Skodvin, Krig og okkupasjon; ders., Trondheimsavtalen 1940.
171 Die Lageberichte des Wehrmachtführungsstabes über die Besetzung von Dänemark und Norwegen 7. April bis 14. Juni 1940, Meldungen der Wehrmachtteile vom 9. April 1940 abends, abgedruckt in: Hubatsch, »Weserübung«, S. 348.
172 Die Berichte des Oberkommandos der Wehrmacht, Vom 1. September 1939 bis zum Waffenstillstand in Frankreich, Berlin 1940, S. 259.
173 Brief von General a. D. Erich Buschenhagen an H. S. Jacobsen, Oslo, vom 18. Oktober 1963. Der Brief liegt dem Verfasser als Kopie vor.
174 Hubatsch, »Weserübung«, S. 221.
175 Die Berichte des Oberkommandos der Wehrmacht. Vom 1. September 1939 bis zum Waffenstillstand in Frankreich, mit Erläuterungen, Karten u. Register, Berlin 1940, S. 262.
176 Ringdal, Ei Bygd opplever krigen, S. 72.
177 Schriftliche Mitteilung der »Deutschen Dienststelle für die Benachrichtigung der nächsten Angehörigen von Gefallenen der ehemaligen deutschen Wehrmacht« an den Verfasser vom 19. August 1996.
178 Schriftliche Mitteilung von Oberstleutnant Eiliv Thorheim, Krigsgravtjenesten, an Herrn Jan Storbakk/Kvam vom 27. Januar 1999. Der Brief liegt dem Verfasser als Kopie vor.
179 Leserbrief von Richard Moen in der Zeitung GLT/Lillehammer vom 21. Mai 1997.
180 Kersaudy, Kappløpet om Norge, S. 156.
181 BA-MA, RW 4/v. 32. Diary of General Jodl, S. 34.
182 BA-MA, N 300/5, Bericht und Vernehmung des Generalobersten von Falkenhorst, S. 84.
183 Dagre, Norway and World War II, S. 2. Siehe auch Borgersrud, »Unngå å irritere fienden ...«, S. 32.
184 Lindbäck-Larsen, Krigen i Norge, S. 174.
185 Derry, Det britiske Felttoget, S. 272.
186 Foreman, The Fighter Command War Diaries, S. 47. Siehe oben Seite 80.
187 Derry, Det britiske Felttoget, S. 273.
188 Borgersrud, »Unngå å irritere fienden ...«, S. 37.
189 NOU, Rapport, S. 73.
190 Dagbladet, 23.3.1998. Die Darstellung des Historikers Lars Borgersrud ist noch nicht publiziert.
191 Ebd.
192 Ebd.
193 Churchill, Der Zweite Weltkrieg, S. 248.
194 NOU, Rapport, S. 73.
195 Lindbäck-Larsen, Krigen i Norge, S. 179.

196 Churchill, Der Zweite Weltkrieg, S. 248.
197 Das Maschinengewehr-Bataillon (mot. 13), S. 21.
198 Die Lageberichte des Wehrmachtführungsstabes über die Besetzung von Dänemark und Norwegen 7. April bis 14. Juni 1940, Meldungen der Wehrmachtteile vom 9. April 1940 abends, abgedruckt in: Hubatsch, »Weserübung«, S. 278.
199 Pellengahr, Von Oslo bis Andalsnes, S. 10 f.
200 Ebd., S. 8.
201 Churchill, Der Zweite Weltkrieg, S. 248.
202 Clausewitz, Vom Kriege, S. 435.
203 BA-MA, N 219/2. Nachlaß von Loßberg, S. 55.
204 Grimnes, Overfall, S. 203.
205 Aftenposten, 30. April 1999.

Literatur- und Quellenverzeichnis

Bibliographien

Bøker om Norges Frihetskrig (redigert av Hans Luihn), Otta 1995

Unveröffentlichte Quellen

Bundesarchiv-Militärarchiv Freiburg i. Br. (BA-MA)
Kart 900-17, Anlagen 43, 56, 57, 64, 66, 68
N 219/2, Nachlaß von Loßberg
N 300/5, Bericht und Vernehmung des Generalobersten von Falkenhorst
N 464/3, Gespräch zwischen Oberst a. D. Hartwig Pohlmann und Rechtsanwalt Sverre Hartmann in Braunschweig am 21. November 1952
RH 26–69/2, 69. Infanteriedivision, Abschrift Kriegstagebuch
RH 28–2/108 b, Bericht über Einsatz der Voraus-Abt. v. Burstin
RH 28–3/1, Funkspruch Gruppe XXI an Gruppe Narvik vom 8. Mai 1940
RH 28–3/2, 3. Gebirgsdivision, Kriegstagebuch, Nr. 2
RH 37/2780, 2. Kompanie, Geb. Jäger Regiment 138, Kriegstagebuch
RH 37/2781, Geb. Jäger Reg. 138
RH 37/2870, verschiedene Berichte
RL 211/203, Oberfehlshaber der Luftwaffe, 21./22. April 1940, 22./23. April 1940, 24./25. April 1940, 25./26. April 1940, 27./28. April 1940
RW 39/1, Fernschreiben mit dem Text der norwegischen Kapitulation, unterzeichnet am 10. Juni 1940 in Trondheim
RW 39/201, Text der Kapitulationsurkunde
RW 4/ v. 32, Diary of General Jodl
RW 4/v 41, Bericht Hauptmann Deyhle
RW 4/v 598, OKW-Befehl (Keitel) zum Verhalten gegenüber den Königen von Dänemark und Norwegen

NSB Jernbanemuseet (Hamar)
Augenzeugenberichte von norwegischem Eisenbahnpersonal

Statsarkivet i Hamar (SH)
Feltjournal for 2. Divisjon, 9. April 1940-15. August 1940

Unveröffentlichte Quellen, Nachlässe, schriftliche Mitteilungen

Buschenhagen, Erich (Gen.d.Inf.a.D.): Brief an S. Jacobsen/Oslo, Inhalt: Kommentar zu den Kapitulationsverhandlungen in Trondheim am 10. Juni 1940, Oberstdorf im Allgäu, 18. Oktober 1963
Deutsche Dienststelle für die Benachrichtigung der nächsten Angehörigen von Gefallenen der ehemaligen deutschen Wehrmacht. Schriftliche Mitteilungen an den Verfasser vom 19. August 1996 und 9. April 1999.

Gerlach, Waldemar (Nachlaß): Taschenkalender 1940; Meldungen der Wehrmachtteile über Lage »Weserübung«; Bericht Einsatz und Kampf der 2./ M.G. Bataillon 13; Militärischer Lebenslauf in Kurzfassung; Zeitungsartikel
Melchior, Bruno, Bericht Oslo-Einsatz 1940
Mössinger, Ernst: I./Fallschirm-Jäger Rgt. 1, Gefechtsbericht Dombass; Kartenmaterial, Briefe
Müller, Georg: Brief vom 10. Oktober 1998 an den Verfasser
Rapport fra Møre Infanterieregiment Nr. 11 fra krigen i Romsdal og Nordre Gudbrandsdalen i tiden 11.04–02.05.1940 [Bericht des Infanterieregiments Møre Nr. 11 über die Kämpfe im nördlichen Gudbrandsdal und im Ronsdal.]
Text der Kapitulationsverhandlung und der norwegischen Teilkapitulation in Nordnorwegen/ Bjørnefjell, unterzeichnet am 10. Juni 1940

Veröffentlichte Quellen

Die Berichte des Oberkommandos der Wehrmacht, Vom 1. September 1939 bis zum Waffenstillstand in Frankreich, Berlin 1940
Innstilling fra Undersøkelseskommisjonen av 1945, Bilag, Bind II, Norsk Forsvarspolitikk før 9. April 1940. Oslo 1947
Norges Offentlige Utredninger (NOU): Rapport fra den militære undersøkelseskommisjon av 1946 avgitt mai 1950. [Der Bericht der militärischen Untersuchungskommission von 1946, erstattet im Mai 1950] Fra en komite til undersøkelse av militære myndiheters forhold før og under felttoget i Norge 1940, oppnevnt ved kongelig resolusjon av 25. januar 1946. Med introduksjon av dr. philos Olav Riste, Oslo, Bergen, Trondheim 1979 (zitiert als NOU, Rapport)

Zeitungen

Aftenposten
Dagbladet
Gudbrandsdølen

Literatur

Arneberg, Sven T., und Kristien Hosar: Vi dro mot nord. Felttoget i Norge 1940 skildred av tyske soldater og offiserer [Wir zogen gen Norden. Der Feldzug in Norwegen 1940, geschildert von deutschen Soldaten und Offizieren], Oslo 1989
Binder, Frank, und Hans H. Schlünz: Schwerer Kreuzer Blücher, Herford 1996
Bjørnsen, Bjørn: Det utrolige døgnet [Der unglaubliche Tag], Oslo 1977
ders.: Narvik 1940, Oslo 1980
Bohn, Robert: Rezension zu: Roland Kaltenegger: Generaloberst Dietl. Der Held von Narvik. Eine Biographie, München 1990, in: Das Historisch-Politische Buch 40 (1992), S. 125
ders.: Rezenson zu: Hans-Martin Ottmer, »Weserübung«. Der deutsche Angriff auf Dänemark und Norwegen im April 1940, München 1994, in: Militärgeschichtliche Mitteilungen 54 (1995), S. 624-626
Borgersrud, Lars: »Stille mobilisering«. Hvorfor det blei stille og delvis mobilisering 9. april 1940 og hvorfor soldatene fikk ubrukelige våpen [»Stille Mobilmachung«. Warum am 9. April 1940 stille und teilweise Mobilmachung angeordnet wurde und warum die Soldaten unbrauchbare Waffen bekamen], Oslo 1977
ders.: »Unngå å irritere fienden« [»Unterlaßt es, den Feind zu irritieren«], Oslo 1981
Brissaud, André: Canaris. Legende und Wirklichkeit, Augsburg 1996
Churchill, Winston S.: Der Zweite Weltkrieg, Bern, 1995
Clausewitz, Carl von: Vom Kriege, Berlin 1915

Dagre, Tor: Norway and World War II, Oslo (Utenriksdepartementet) 1995
Derry, T. K.: Det britiske felttoget i Norge 1940 [Der britische Feldzug in Norwegen], Oslo 1953
Felttoget. General Ruges erindringer fra kampene april-juni 1940, [Feldzug. General Ruges Erinnerungen an die Kämpfe im April–Juni 1940] hg. von Olav Riste, Oslo 1989
Felttoget 1940-avdelingenes påkjenninger og tap [Der Feldzug 1940. Die Belastungen und Verluste der Einheiten], hg. von Ottar Vold, Rikstrygdeverket, o.O. und o. J.
Feurstein, Valentin: Irrwege der Pflicht, München 1963
Foremann, John: The Fighter Command War Diaries, Walton-on-Thames/Surrey 1997
Gemzell, Carl-Axel: Raeder, Hitler und Skandinavien. Der Kampf für einen maritimen Operationsplan, Lund 1965 (=Bibliotheca Historica Lundesis, 16)
Getz, O. B.: Fra krigen i Nord-Trøndelag 1940. Fektningsrapport [Vom Krieg in Nord-Trøndelag 1940. Gefechtsbericht], Oslo 1940
Gootaas; Birger: Fra 9. april til 7. juni. Episoder og oplevelser fra krigen i Norge [Vom 9. April bis 7. Juni. Episoden und Erlebnisse vom Krieg in Norwegen], Oslo 1945
Greve, Tim: Bergen i krig [Bergen im Krieg], 2 Bde., Bergen 1978-1979
Grimnes, Ole Kristian: Overfall [Überfall], Band 1, in: Norge i Krig [Norwegen im Krieg], 8 Bände, Oslo 1984-87
ders.: Veien inn i krigen [Der Weg in den Krieg], Oslo 1987
Hartmann, Sverre: Nytt lys over kritiske faser i Norges historie under Annen Verdenskrig, Oslo 1965
Hauge, Andreas: Kampene i Norge 1940 [Die Kämpfe in Norwegen], 2 Bände, Oslo 1978
Heinemann, Winfried: Eduard Dietl – Lieblingsgeneral des »Führers«, in: Die Militärelite des Dritten Reiches. 27 biographische Skizzen, hg. von Ronald Smelser und Enrico Syring, Berlin 1997, S. 99-112
ders.: Rezension zu: Roland Kaltenegger: Generaloberst Dietl. Der Held von Narvik. Eine Biographie, München 1990, in: Militärgeschichtliche Mitteilungen 49 (1991), S. 216-218
ders. (Bearbeiter): Generaloberst Dietl, Militärgeschichtliches Forschungsamt, Potsdam 1994
Hitlers Weisungen für die Kriegführung 1939–1945. Dokumente des Oberkommandos der Wehrmacht, hg. von Walther Hubatsch, Koblenz 1983
Hubatsch, Walther: »Weserübung«. Die deutsche Besetzung Dänemarks und Norwegens 1940, Göttingen 1960 (= Studien und Dokumente zur Geschichte des zweiten Weltkrieges, 7)
Kaltenegger, Roland: Generaloberst Dietl. Der Held von Narvik. Eine Biographie, München 1990
Kersaudy, François: Kappløpet om Norge. Det allierte felttoget i 1940 [Wettlauf um Norwegen. Der alliierte Feldzug 1940], Oslo 1990
Koht, Halvdan: Frå skanse til skanse. Minne frå krigsmånadene i Noreg 1940 [Von Schanze zu Schanze. Erinnerungen an die Kriegsmonate in Norwegen 1940], Oslo 1947
ders.: Rikspolitisk dagbok 1933–1940 [Reichspolitisches Tagebuch 1933–1940], Oslo 1985
Levsen, Dirk: Kampene i april 1940 – nye aspekter om det tyske felttoget mot nord, in: Gudbrandsdal krigsminnesamling Årsskrift 1997 [Die Kämpfe im April 1940. Neue Aspekte des deutschen Feldzugs nach Norden], S. 36–45
Lie, Trygve: Leve eller dø. Norge i krig [Leben oder sterben. Norwegen im Krieg], Oslo 1955
Lindbäck-Larsen, Odd: Krigen i Norge 1940 [Der Krieg in Norwegen 1940], Oslo 1965
Loock, Hans-Dietrich: Quisling, Rosenberg und Terboven. Zur Vorgeschichte und Geschichte der nationalsozialistischen Revolution in Norwegen, Stuttgart 1970
Luftforsvarsmuseet, Katalog, o. J u. o. O.
Narvik 1940, hg. von B. Rommetveit, Oslo 1991 (=Forsvarsstudier 8)
Norge i krig [Norwegen im Krieg], hg. von Magne Skodvin, 8 Bde., Oslo 1984–1987
Norsk Krigsleksikon 1940–45 [Norwegisches Kriegslexikon], Oslo 1995
Nygaardsvold, Johan: Norge i krig 9. april–7. juni 1940 [Norwegen im Krieg. 9. April–7. Juni 1940], Oslo 1982
Ottmer, Hans-Martin: »Weserübung«. Der deutsche Angriff auf Dänemark und Norwgen im April 1940, München 1994 (= Operationen des Zweiten Weltkrieges, 1)
Pruck, Erich: Abwehraußenstelle Norwegen. Ein Beitrag zur Besetzung Norwegens, in: Marine Rundschau 53 (1956), S. 107–117

Pryser, Tore: Arbeiderbevegelsens Historie i Norge, Band 4, Klassen og nasjonen (1935–1946) [Die Geschichte der Arbeiterbewegung in Norwegen, Bd. 4: Klasse und Nation, 1935–1946], Oslo 1988

ders.: Tyske hemmelige tjenester i Lillehammer og Gudbrandsdalen, in: Gudbrandsdal krigsminnesamling. Årsskrift 1999 [Deutsche Geheimdienste in Lillehammer und in Gudbrandsdal], S. 33–34

ders.: Tyske hemmelige tjenester i Norge under Okkupasjonen 1940–1945 [Deutsche Geheimdienste während der Besatzungszeit in Norwegen 1940–1945], I (unveröffentlicht)

Ringdal, N. N.: Ei Bygd opplever krigen, Kvam i Gudbrandsdalen [Ein Ort erlebt den Krieg. Kram im Gudbrandsdal], Otta 1990

Riste, Olav: The Neutral Ally, Oslo 1965

Roscher Nielsen, Ragnvald: Tappenstrek. Fra Fredriksten til Bergenhus [Zapfenstreich. Von Fredriksten nach Bergenhus], o. O. 1970

Salewski, Michael: Das Wesentliche von Weserübung, in: Neutralität und totalitäre Aggression. Nordeuropa und die Großmächte im Zweiten Weltkrieg, Stuttgart 1991 (Historische Mitteilungen der Ranke-Gesellschaft, Beiheft 1), S. 117–126

Skodvin, Magne: Krig og okkupasjon [Krieg und Besetzung] 1939–1945, Oslo 1990

Skogheim, Dag, und Harry Westrheim: Alarm. Krigen i Nordland 1940 [Alarm. Krieg im Regierungsbezirk Nordland], o. O. 1984

Stegemann, Bernd: Das Unternehmen »Weserübung«, in: Das Deutsche Reich und der Zweite Weltkrieg, 2: Die Errichtung der Hegemonie auf dem europäischen Kontinent, Stuttgart 1979, S. 212–225

Weinberg, Gerhard L.: Eine Welt in Waffen. Die Geschichte des Zweiten Weltkrieges, Stuttgart 1995

Register

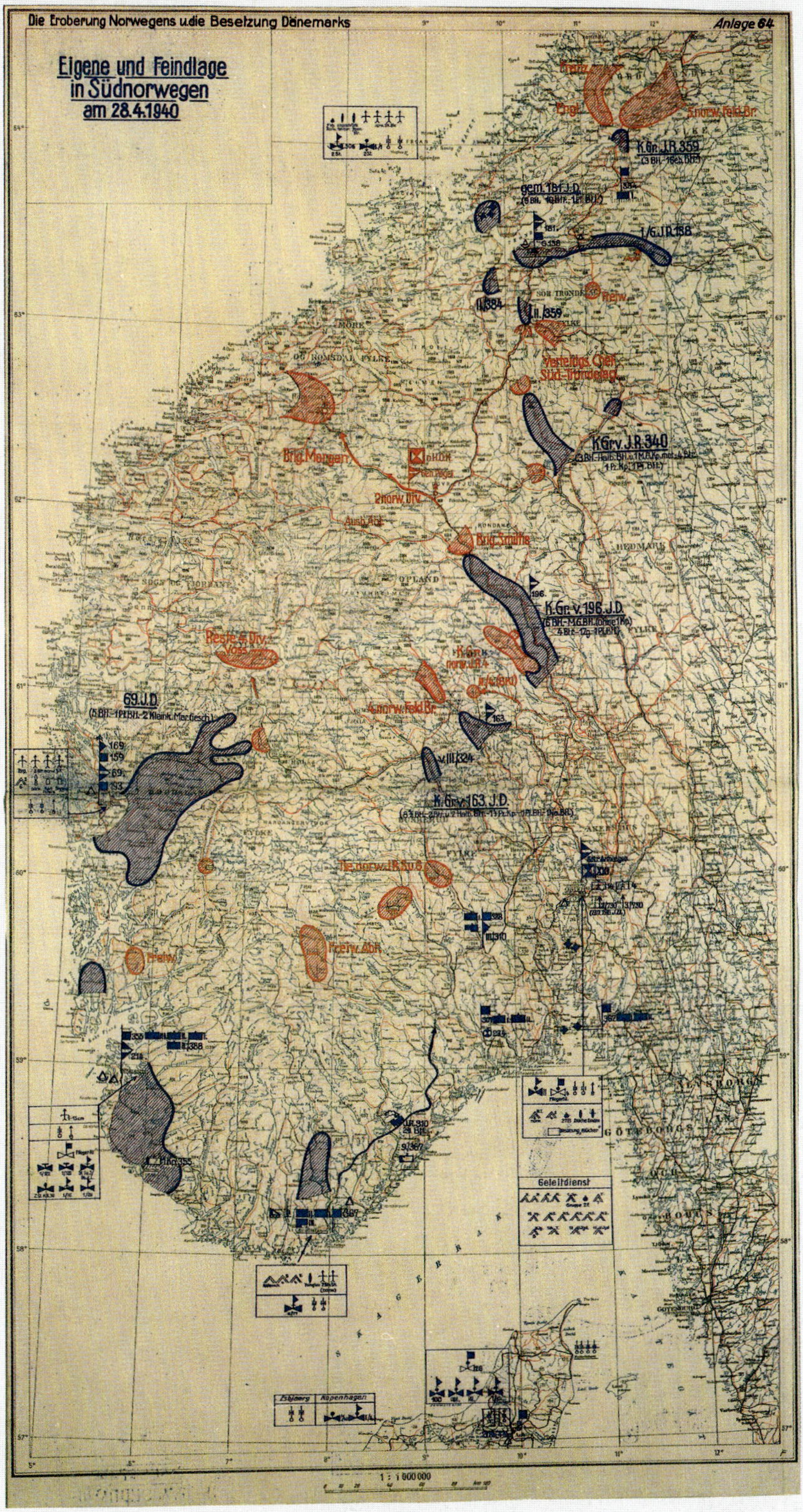

Karte 1 (BA-MA, Kart 900–17, Anlage 64)

Die militärische Lage in Südnorwegen am 28. April 1940. Überall waren die norwegisch-alliierten Truppen auf dem Rückzug. In einigen Regionen wie in Telemark und Trøndelag südlich von Trondheim hielten sich neben regulären Einheiten auch noch Freiwilligenverbände.

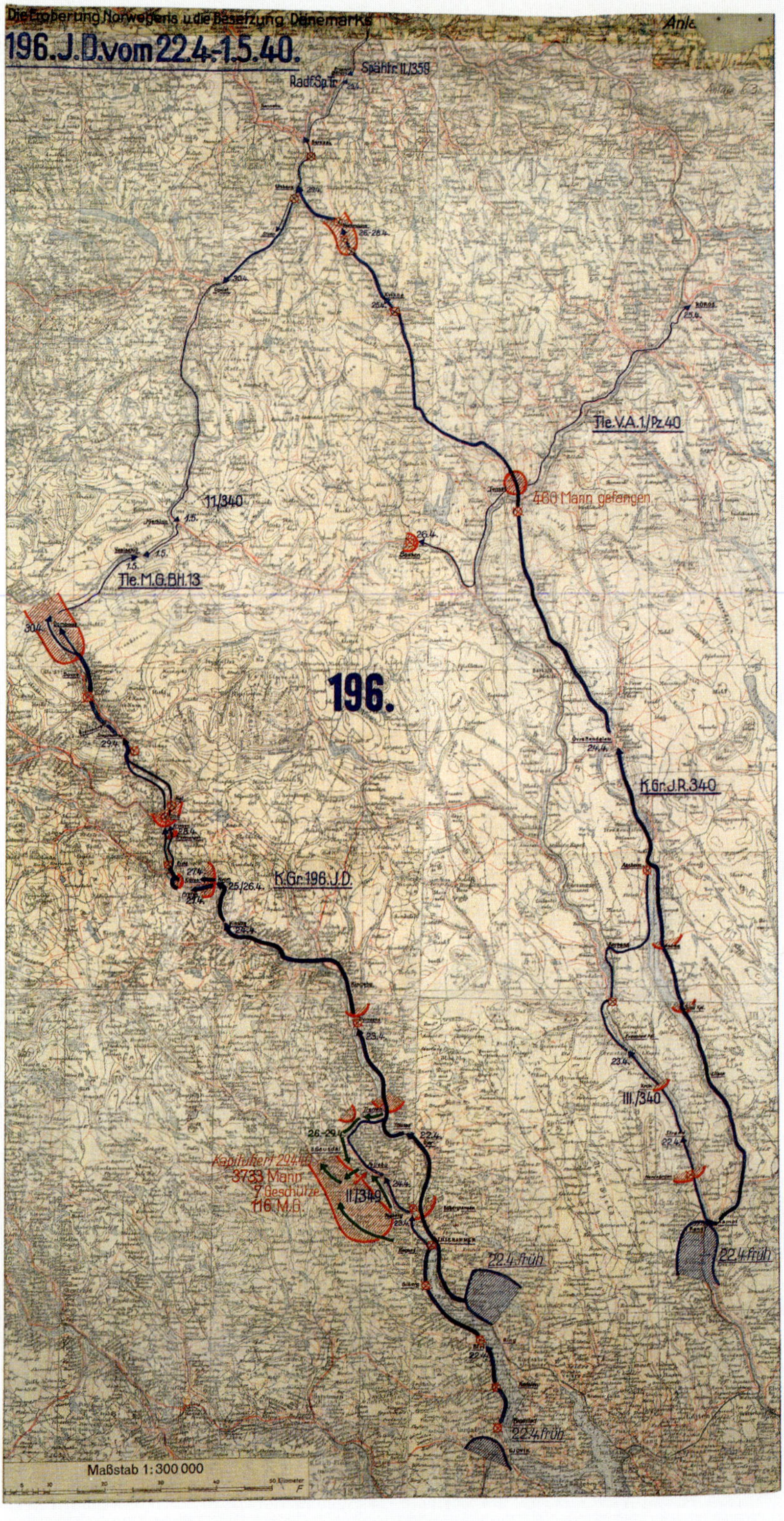

Karte 2 (BA-MA, Kart 900-17, Anlage 196. I.D. vom 22. April–1. Mai 1940)

Der Weg der zwei Kampfgruppen der 196. Infanteriedivision unter Generalmajor Pellengahr von Lillehammer in Richtung Dombås und durch das Østerdal in Richtung Trondheim. Oberst Fischer, Kommandeur des Infanterieregiments 340, befehligte die östliche Kampfgruppe.

Karte 3 (BA-MA, Kart 900-17, Anlage 43)

Der Verlauf der Kämpfe in Südnorwegen. An den einzelnen Kriegsschauplätzen sind die eingesetzten deutschen Truppenteile sowie die Zahlen der gefangengenommenen norwegischen Soldaten eingetragen. Diese Zahlen stimmen weitgehend mit den Zahlen in den norwegischen Quellen und in der norwegischen Literatur überein.

Karte 4 (BA-MA, Kart 900–17, Anlage 57)

Die Lage in und um Narvik am 16. April 1940.

Karte 5 (BA-MA, Kart 900–17, Anlage 66)

Der Weg der Kampfgruppe der 2. Gebirgsdivision durch Mittelnorwegen in Richtung Narvik zur Entsetzung General Dietls.

Karte 6 (BA-MA, Kart 900–17, Anlage 68)

Der Weg der Kampfgruppe der 2. Gebirgsdivision weiter in Richtung Narvik.